Borrmann · Hoffmann

Filialapothekenleitung

Rechtsfragen, Arbeitsverträge, Praxistipps

Filialapotheken-leitung

Rechtsfragen, Arbeitsverträge, Praxistipps

Iris Borrmann, Hamburg und
Elfriede Hoffmann, Rottweil

Deutscher Apotheker Verlag

Anschriften der Autorinnen

Iris Borrmann
ADEXA
Deichstraße 19
20459 Hamburg

Elfriede Hoffmann
Im Brühl 3
78628 Rottweil

Bibliografische Information der Deutschen Nationalbibliothek
Die Deutsche Nationalbibliothek verzeichnet diese Publikation in der Deutschen Nationalbibliografie; detaillierte bibliografische Daten sind im Internet unter http://dnb.d-nb.de abrufbar.

ISBN 978-3-7692-5100-5

© 2011 Deutscher Apotheker Verlag
Birkenwaldstr. 44, 70191 Stuttgart
www.deutscher-apotheker-verlag.de
Printed in Germany
Satz: Mediendesign Späth, Birenbach
Druck und Bindung: Druckerei Djurcic, Schorndorf
Umschlaggestaltung: Atelier Schäfer, Esslingen

Vorwort

Für Apotheken spielt die Filialisierung eine immer größere Rolle. Trotzdem gibt es noch große Unsicherheiten für Filialleiter und Inhaber. Es bedarf einer genauen Absprache der Verantwortungsbereiche und Kompetenzen. Das betrifft nicht nur den Umgang mit dem Personal und den reibungslosen Ablauf sondern auch die Haftung bei Fehlern.

Allerdings muss nicht jeder Filialapotheker „das Rad neu erfinden", darum war es unser Anliegen, den Filialleitern aber auch den Apothekenleitern das nötige Rüstzeug in einem Handbuch übersichtlich zur Verfügung zu stellen.

Mit diesem Buch möchten wir Apotheker und Apothekerinnen ansprechen, die eine Filiale leiten, eine solche gegründet haben oder beabsichtigen dies zu tun. Dieses Buch ist auf Grundlage jahrelanger persönlicher Erfahrungen – einerseits aus der Perspektive der Filialleiterin, andererseits als Rechtsberaterin für Filialapotheker – entstanden.

Sowohl zukünftige als auch bereits etablierte Filialapotheker finden in diesem Buch Antworten auf viele Fragen, die sich im Zusammenhang mit einer Filialisierung ergeben können.

Zu zahlreichen Fallbeispielen aus der täglichen Praxis mit regelmäßig vorkommenden aber auch anderen theoretisch denkbaren Problemen werden umsetzbare Lösungsvorschläge angeboten.

Dies alles trägt nicht unwesentlich zum wirtschaftlichen Erfolg der Filiale bei.

Im Anhang finden sich nützliche Merkblätter zur Filialgründung und zur Zeugniserstellung, Vertragsmuster, Gehaltsstaffeln und ein Kompetenzraster für die Filialleitung.

Dieses Buch soll allen bestehenden und zukünftigen Filialapothekern – sowohl den Arbeitgebern und Leitern der Hauptapotheke als auch den angestellten Filialleitern – eine umfassende Hilfestellung zur Vermeidung von Missverständnissen und Fehlern sein. Für alle Interessierten stellt es ein unentbehrliches Handbuch und Nachschlagewerk für alle Fragen rund um die Filialisierung dar.

An dieser Stelle danken wir dem Deutschen Apotheker Verlag für die Initialzündung zu diesem Buch.

Im Herbst 2010   Iris Borrmann

Elfriede Hoffmann

Inhaltsverzeichnis

Abkürzungsverzeichnis

AATB	Arbeitsgruppe Arzneimittel-, Apotheken-, Transfusions- und Betäubungsmittelwesen
ABAS	Ausschuss für Biologische Arbeitsstoffe
ABDA	Bundesvereinigung Deutscher Apothekerverbände
ADA	Arbeitgeberverband der Apothekenleiter
ADEXA	Gewerkschaft der Apothekenangestellten
AGG	Allgemeines Gleichbehandlungsgesetz
AMG	Arzneimittelgesetz
AMPreisV	Arzneimittelpreisverordnung
AMVV	Arzneimittel-Verschreibungsverordnung
ApoBetrO	Apothekenbetriebsordnung
ApoG	Apothekengesetz
ArbGG	Arbeitsgerichtsgesetz
ArbSchG	Arbeitsschutzgesetz
ArbZG	Arbeitszeitgesetz
ASR	Arbeitstättenrichtlinie
Az.	Aktenzeichen
AZR	Aktenzeichen des BAG
BAG	Bundesarbeitsgericht
BApO	Bundesapothekenordnung
BetrVG	Betriebsverfassungsgesetz
BGB	Bürgerliches Gesetzbuch
BIA	Berufsgenossenschaftliches Institut für Arbeitsschutz
BRTV	Bundesrahmentarifvertrag für Apothekenangestellte
BTM	Betäubungsmittel
BtMVV	Betäubungsmittel-Verschreibungsverordnung
BUrlG	Bundesurlaubsgesetz
Chem VerbotsV	Verordnung über Verbote und Beschränkungen des Inverkehrbringens gefährlicher Stoffe, Zubereitungen und Erzeugnisse nach dem Chemikaliengesetz

DAB	Deutsches Arzneibuch
EAS	European Assoziation for Supervision
EDV	Elektronische Datenverarbeitung
EG	Europäische Gemeinschaft
EU	Europäische Union
EuGH	Europäischer Gerichtshof
EWG	Europäische Wirtschaftsgemeinschaft
GbR	Gesellschaft bürgerlichen Rechts
GewO	Gewerbeordnung
GG	Grundgesetz
GKV	Gesetzliche Krankenversicherung
HGB	Handelsgesetzbuch
HV-Tisch	Handverkaufs-Tisch
HWG	Heilmittelwerbegesetz
IHK	Industrie- und Handelskammer
KSchG	Kündigungsschutzgesetz
LAG	Landesarbeitsgericht
LAK BW	Landesapothekerkammer Baden-Württemberg
LAV BW	Landesapothekerverband Baden-Württemberg
MuSchG	Mutterschutzgesetz
mwN	mit weiteren Nachweisen
NachwG	Nachweisgesetz
OHG	Offene Handelsgesellschaft
Ph. Eur.	Europäisches Arzneibuch
PKA	Pharmazeutisch-kaufmännische/r Angestellte/r
PTA	Pharmazeutisch-technische/r Assistent/in
SAV	Sächsischer Apothekerverband
SGB IX	Sozialgesetzbuch Nr. IX
TGL	Tarifgemeinschaft Nordrhein
TzBfG	Teilzeit- und Befristungsgesetz
ZPO	Zivilprozessordnung

I Rechtsnatur der Filiale

Unabhängig davon, ob sich ein Apothekeninhaber überlegt, eine Filiale zu gründen oder ob ein angestellter Apotheker in Erwägung zieht, als Filialleiter in einer Apotheke eine Anstellung anzunehmen, ist es sehr hilfreich, wenn die erste Überlegung sich auf die Einbettung der Filialapotheke in das System der apothekenrechtlichen Rechtsvorschriften richtet. Im Apothekenbereich wurde die Möglichkeit, eine Filiale zu gründen, erstmals am 1.1.2004 durch das Gesetz zur Modernisierung der gesetzlichen Krankenversicherung (GKV–Modernisierungs-gesetz)[1] geschaffen.

Wichtige apothekenrechtliche Vorschriften sind:
- *Apothekengesetz (ApoG)*
- *Apothekenbetriebsordnung (ApoBetrO)*
- *Arzneimittelgesetz (AMG)*
- *Arzneimittelpreisverordnung (AMPreisV)*
- *Heilmittelwerbegesetz (HWG)*

1 Voraussetzungen für den Betrieb einer Filiale

Die für die Praxis wichtigsten Vorschriften enthalten das Apothekengesetz und die Apothekenbetriebsordnung. Deren Verhältnis zueinander sieht vereinfacht folgendermaßen aus: Das ApoG regelt das Betriebssystem, die einzelnen Verordnungen, so auch die ApoBetrO, sind die Ausführungsprogramme.

Was aber eine Filialapotheke von einer Hauptapotheke unterscheidet und in welches (auch rechtliches) Umfeld sie eingebettet ist, erschließt sich allerdings nicht von allein.

Für einen Filialleiter oder seinen Arbeitgeber, den Inhaber von Haupt- und Filialapotheke, ist die Klärung dieser Ausgangsfrage unverzichtbar, da sie nicht dem Selbstzweck dient, sondern dem Fragesteller Auskunft darüber geben soll, ob er

---

[1] Kurz GMG vom 14. November 2003; Bundesgesetzblatt Jahrgang 203, Teil I, Nr. 55; die Artikel 20 und 21 beziehen sich auf die Änderung des ApoG und der ApoBetrO

selbst eine besondere Verantwortung übernimmt, ob er ein größeres Haftungsrisiko trägt oder ob besondere Formalien zu beachten sind.

Soviel vorweg: Eine Filialapotheke ist keine Apotheke zweiter Klasse oder gar eine Zweigapotheke und auch nicht ein bloßes Anhängsel. Wie sich aus dem Begriff „Filius/ Filia" ableiten lässt, steht sie in einem quasi verwandtschaftlichen Verhältnis zur Hauptapotheke. Allerdings ist zu beachten, dass der Filius schon strafmündig ist und für seine Taten verantwortlich gemacht werden kann. Dabei können sich – um bei diesem Beispiel zu bleiben – auch die Eltern (oder Apothekeninhaber) nicht ganz aus der Verantwortung zurückziehen.

Die Filiale findet sich im Apothekengesetz in folgenden Vorschriften (Auszug):

§ 1 ApoG (Erlaubnisgrundsatz)

(…)

(2) Wer eine Apotheke oder **bis zu 3 Filialapotheken** betreiben will, bedarf der Erlaubnis der zuständigen Behörde.

§ 2 ApoG (Voraussetzungen für die Erlaubniserteilung)

(…)

(4) Die Erlaubnis zum Betrieb mehrerer öffentlicher Apotheken ist auf Antrag zu erteilen, wenn

1. Der Antragsteller die Voraussetzungen nach den Absätzen 1 bis 3 für jede der beantragten Apotheken erfüllt und
2. die von ihm zu betreibende Apotheke **und die von ihm zu betreibenden Filialapotheken innerhalb desselben Kreises oder derselben kreisfreien Stadt oder in einander benachbarten Kreisen oder kreisfreien Städten liegt.**

(5) Für den Betrieb mehrerer öffentlicher Apotheken gelten die Vorschriften dieses Gesetzes mit folgenden Maßgaben entsprechend:

1. **Der Betreiber hat eine der Apotheken (Hauptapotheke) persönlich zu führen.**
2. **Für jede weitere Apotheke (Filialapotheke) hat der Betreiber schriftlich einen Apotheker als Verantwortlichen zu benennen, der die Verpflichtungen zu erfüllen hat, wie sie in diesem Gesetz und der Apothekenbetriebsordnung für Apothekenleiter festgelegt sind. Soll die Person des Verantwortlichen geändert werden, so ist dies der Behörde von dem Betreiber eine Woche vor der Änderung schriftlich anzuzeigen.**

§ 7 ApoG (Pflicht zur persönlichen Leitung)

Satz 1 **Die Erlaubnis verpflichtet zur persönlichen Leitung der Apotheke in eigener Verantwortung.** (…) Satz 3 **Im Falle des § 2 Abs. 4 obliegen dem vom Betreiber nach § 2 Abs. 5 Nr. 2 benannten Apotheker die Pflichten entsprechend Satz 1; die Verpflichtungen des Betreibers bleiben unberührt.**

§ 25 ApoG (Ordnungswidrigkeiten)

(1) Ordnungswidrig handelt, wer vorsätzlich oder fahrlässig

(…) **entgegen § 2 Abs. 5 Nr. 2 einen Verantwortlichen nicht, nicht richtig oder nicht rechtzeitig benennt.**

Zum 1.1.2004 wurde das zuvor strikte Mehrbesitzverbot gelockert: Apotheker dürfen seither gemäß § 1 Abs. 2 ApoG neben ihrer Hauptapotheke bis zu drei Filialapotheken betreiben.

Dies ist der kleine Abschied von dem alten Grundsatz „ein Apotheker in seiner Apotheke"[2]. Allerdings bleibt immerhin der Apotheker an der Spitze des Filialverbunds (Inhaber) und in den einzelnen Filialen (Filialleiter) erhalten.

Die vielerorts befürchtete Verpflichtung Deutschlands zu einer Lockerung oder gar Aufhebung des Fremdbesitzverbots wurde nach dem Urteil des Europäischen Gerichtshofs im Mai des Jahres 2009 nicht ausgesprochen. Die deutschen Behörden dürfen weiterhin ausschließlich approbierten Apothekern eine Betriebserlaubnis für Apotheken erteilen.

> 💬 **Zitat**
>
> „Eine nationale Regelung über Verbot des Besitzes und Betriebs von Apotheken durch Nicht-Apotheker verstößt nicht gegen europarechtliche Niederlassungsfreiheit. Die Art. 43 EG und 48 EG stehen einer nationalen Regelung wie der in den Ausgangsverfahren fraglichen nicht entgegen, die Personen, die keine Apotheker sind, den Besitz und den Betrieb von Apotheken verwehrt."[3]

Dies bedeutet nicht, dass man europaweit der Auffassung ist, nur ein Apotheker darf einer Apotheke vorstehen. Jedoch hat es der EuGH dem deutschen Gesetzgeber nicht verwehrt, dies für sein Rechtssystem auf diese Weise vorzuschreiben. Nach deutschem Recht bleibt der Betrieb einer Apotheke durch einen Nicht-Apo-

---

[2] Zuck R, Lenz Chr.: Der Apotheker in seiner Apotheke, Deutscher Apotheker Verlag, Stuttgart 1999
[3] Urteil des EuGH vom 19.5.2009, C-171, 172/07

theker, eine Kapitalgesellschaft oder ein Pharmazeutisches Unternehmen daher untersagt.

Will ein Apothekeninhaber neben seiner eigenen angestammten Apotheke Filialapotheken betreiben, benötigt er eine Genehmigung. Allerdings wird für alle Apotheken des so genannten Filialverbunds nur eine Betriebserlaubnis erteilt[4].

Der Inhaber der Betriebserlaubnis hat eine der Apotheken, die sog. Hauptapotheke, persönlich zu führen. Die übrigen Apotheken (Filialapotheken) müssen von einem Apotheker geleitet werden, der die Verpflichtungen entsprechend ApoG und ApoBetrO erfüllt. Diesen verantwortlichen Filialapothekenleiter hat der Inhaber der Betriebserlaubnis gegenüber der zuständigen Behörde schriftlich zu benennen (§ 2 Abs. 5 ApoG).

Weiterhin ist es gesetzlich vorgeschrieben, dass Hauptapotheke und Filialapotheken innerhalb desselben Kreises oder derselben kreisfreien Stadt oder in einander benachbarten Kreisen oder kreisfreien Städten liegen (§ 2 Abs. 4 ApoG).

Dies sind die wichtigsten gesetzlichen Vorgaben zur Filialisierung.

Der Filialapothekenleiter muss sich nicht persönlich um diejenigen Formalien kümmern, die ein Apothekenleiter bei Eröffnung zu beachten hat; dies obliegt dem Inhaber. Allerdings ist es sinnvoll, diese zu kennen, da sie im Zweifel durch die Filialleitung zu überprüfen sind. Dies wird dem Filialleiter oft erst bewusst, wenn eine Revision angekündigt ist und der Pharmazierat oder Amtsapotheker kommt.

Nach Beendigung der Beschäftigung als Filialleiter kann es sinnvoll sein, bei der Behörde nachzufragen, ob dort bereits ein neuer Filialleiter eingetragen wurde. Gerade bei schwer zu besetzenden Filialen im ländlichen Bereich kann es vorkommen, dass der Inhaber nicht so schnell einen Ersatz findet. Da der Bestand der Filialapotheke aber zwingend von der Existenz eines Filialleiters abhängig ist und bei nicht ordnungsgemäßer Besetzung der Filiale Bußgeldvorschriften relevant werden, ist es möglich, dass der ausgeschiedene Filialleiter noch in der Filialverantwortung steht, weil er noch bei der Genehmigungsbehörde eingetragen ist. Hier sollte der Ex-Filialleiter vorbeugend tätig werden.

> **! Tipp**
>
> Senden Sie als ausscheidender Filialleiter eine Durchschrift Ihrer Kündigung direkt an die Genehmigungsbehörde und teilen dort in einem kurzen Anschreiben mit, ab welchem Zeitpunkt Sie nicht mehr für die Filiale verantwortlich sind.

---

[4] Dies wird für den Filialapotheker besonders im Hinblick auf seine arbeitsrechtliche Stellung relevant, s. Kap. IV und XII

Auch wenn die Erfüllung der behördlichen Auflagen im Verantwortungsbereich des Inhabers liegt, kann diese Mitteilung für die Behörde hilfreich sein. Insbesondere bei kurzen Kündigungsfristen und damit kurzfristigem Ausscheiden des Filialleiters ist es denkbar, dass die Behörde durch den Inhaber nicht rechtzeitig informiert wird. Für den ausgeschiedenen Filialleiter ist es unter Umständen zu einem späteren Zeitpunkt aufwändig, zu beweisen, zu welchem Zeitpunkt er nicht mehr verantwortlich war.

2 Genehmigungsformalien unter Mitwirkung des Filialleiters

Für die Genehmigung einer Filiale bzw. zu deren Aufrechterhaltung hat der zukünftige Filialleiter verschiedene Dokumente auszufüllen und zu unterschreiben. Dies findet oft noch vor Abschluss des Arbeitsvertrags statt.

Die Voraussetzungen können in den einzelnen Bundesländern voneinander abweichen, auch wenn dem Genehmigungsverfahren ein einziges Gesetz zugrunde liegt. Das Gesetz enthält allerdings einige auslegungsbedürftige Formulierungen, die auf Länderebene unterschiedlich interpretiert und umgesetzt werden. Die Genehmigungsbehörden geben Merkblätter für den Inhaber und zukünftigen Filialleiter heraus, die von beiden getrennt auszufüllen sind.

» Beispiel

Merkblatt
(für den/die Filialapotheker/in)

Urkunden sind urschriftlich oder in amtlich beglaubigter Kopie einzureichen.
Alle Unterlagen sind in *zweifacher Ausfertigung* dem Gesundheitsamt einzureichen.
(Name und Anschrift des zuständigen Gesundheitsamts).

1. Nachweis, dass der/die Apotheker/in Deutsche/r i. S. d. Artikel 116 GG, Angehörige/r eines der übrigen Mitgliedsstaaten der EG oder eines anderen Vertragsstaats des Abkommens über den Europäischen Wirtschaftsraum oder heimatlose/r Ausländer/in i. S. d. Gesetzes über die Rechtsstellung heimatloser Ausländer in der Bundesrepublik ist.
   Der Nachweis der deutschen Staatsangehörigkeit ist durch einen Staatsange-hörigkeitsausweis bzw. eine Einbürgerungsurkunde oder eine beglaubigte Ablichtung des Bundespersonalausweises bzw. des deutschen Reisepasses (vollständige Ablichtung, ohne Sichtvermerke) zu führen (§ 2 Abs. 1 Nr. 1 ApoG).

2. Erklärung der vollen Geschäftsfähigkeit (§ 2 Abs. 1 Nr. 2 ApoG).

3. Nachweis der deutschen Approbationsurkunde (§ 2 Abs. 1 Nr. 3 ApoG).

4. Eine ärztliche Bescheinigung mit dem Wortlaut:
   „Herr/Frau ... ist nicht in gesundheitlicher Hinsicht ungeeignet, eine Apotheke ordnungsgemäß zu leiten."
   Die Bescheinigung darf nicht älter als 3 Monate sein (§ 2 Abs. 1 Nr. 7 ApoG).

5. Amtliches Führungszeugnis für Behörden (Belegart 0), das nicht früher als drei Monate vor der Vorlage ausgestellt sein darf und bei dem als Verwendungszweck angegeben werden soll:
   „Gesundheitsamt – Apothekenbetriebserlaubnis" (§ 2 Abs. 1 Nr. 4 ApoG).

6. Bescheinigung der Apothekerkammer nach § 6 Abs. 1 Nr. 11 des Heilberufsgesetzes.

7. Eine Erklärung, dass keine Strafverfahren und keine berufsgerichtlichen Verfahren anhängig sind (§ 2 Abs. 1 Nr. 4 ApoG).

8. Mitteilung, ob und ggf. an welchem Ort in einem Mitgliedstaat der Europäischen Union oder in einem anderen Vertragsstaat des Abkommens über den europä-ischen Wirtschaftsraum eine oder mehrere Apotheken betrieben werden (§ 2 Abs. 1 Nr. 8 ApoG).

9. Nachweis der pharmazeutischen Berufstätigkeit in den letzten 2 Jahren vor Antragstellung.

In einigen Kammerbezirken ist zusätzlich eine „Erklärung" – ebenfalls getrennt für Filialleiter und Inhaber – abzugeben:

» Beispiel

Erklärung

Zum Antrag auf Erteilung der Betriebserlaubnis für eine Filialapotheke

Verantwortlich: _____, _____, _____

(Name, Vorname, Geburtsdatum des Filialapothekers)

Filialapotheke: _____

in _____

(PLZ, Ort, Straße, Hausnummer)

Als Verantwortliche/r für die Filialapotheke der/des Frau/Herrn

_____

gebe ich folgende Versicherung (Name, Vorname)

gemäß § 2 des Gesetzes über das Apothekenwesen (Apothekengesetz – ApoG)
von 1960
(Neugefasst durch Bek. v. 15.10.1980 I 1993)

1. Ich bin voll geschäftsfähig (§ 2 Abs. 1 Nr. 2 ApoG).
2. Ich bin weder straf- noch berufsgerichtlich vorbestraft, auch sind keine derartigen Verfahren in der Bundesrepublik Deutschland, in einem anderen Mitgliedsstaat der EU oder in einem anderen Vertragsstaat des Abkommens über den europäischen Wirtschaftsraum gegen mich anhängig. (§ 2 Abs. 1 Nr. 4 ApoG).
3. Derzeit betreibe ich keine Apotheke in einem anderen Mitgliedsstaat der EU oder in einem anderen Vertragsstaat des Abkommens über den europäischen Wirtschaftsraum. Jede diesbezügliche Änderung werde ich – unter Angabe des Ortes und des Staats – der zuständigen Gesundheitsbehörde mitteilen (§ 2 Abs. 1 Nr. 8 ApoG).
4. Ich bin derzeit nicht im Besitz einer Erlaubnis zum Betrieb einer Apotheke. Ich habe bei keiner Behörde in der Bundesrepublik Deutschland einen Antrag auf Erteilung einer Betriebserlaubnis gestellt, über den noch nicht entschieden worden ist.
5. Ich versichere, dass ich als Leiter/in der Filialapotheke die Verpflichtung erfüllen werde, wie sie im Apothekengesetz und in der Apothekenbetriebsordnung für Apothekenleiter festgelegt sind.

_____, _____

(Ort, Datum)   (Unterschrift)

Dies ist ein sehr umfassendes Beispiel. In einigen Bundesländern wie z. B. Baden-Württemberg wird durch das Regierungspräsidium Karlsruhe lediglich eine Kopie der Approbationsurkunde sowie eine Kopie des Arbeitsvertrags unter Angabe der wöchentlichen Arbeitszeit verlangt[5].

2.1 Approbationsurkunde

In allen Bundesländern ist für das Genehmigungsverfahren das Vorliegen einer amtlich oder notariell beglaubigten Kopie der deutschen Approbationsurkunde des Filialleiters Voraussetzung. Die Vorlage als solche erfordert noch keine zwingende Mitwirkung des zukünftigen Filialleiters am Genehmigungsverfahren. Ist der vorgesehene Filialleiter bereits Angestellter in der Hauptapotheke, liegt die Approbationsurkunde üblicherweise bereits vor.

» Beispiel

Aus der Beratungspraxis:
Je weniger Voraussetzungen eine Genehmigungsbehörde einfordert, umso weniger muss der Filialleiter mitwirken. Dies hat kürzlich dazu geführt, dass eine approbierte Angestellte der Hauptapotheke beinahe gegen ihren Willen als Filialleiterin eingetragen worden wäre. Der Inhaber hatte die Angestellte gebeten, als Filialleiterin „auf dem Papier" zu fungieren. Nachdem die Angestellte kein Interesse zeigte, teilte der Apothekenleiter kurzer Hand mit, er bräuchte nun jemanden, der als Filialleiter fungieren müsse und würde die Unterlagen notfalls ohne ihren Willen einreichen. Dies hätte zur Folge gehabt, dass sie möglicherweise als Filialleiterin eingetragen worden wäre, obwohl sie weiterhin in der Hauptapotheke als angestellte Approbierte gearbeitet hat. Die Apothekerin war nur unzureichend damit zu trösten, dass die Verantwortlichkeit dieses eigenmächtigen Handelns beim Apothekenleiter läge und dieser damit zumindest einen Bußgeldtatbestand erfüllt hätte (§ 25 Ziff. 1 S. 1 ApoG). Erst nachdem für sie ein Anschreiben an die Kammer und an die zuständige Genehmigungsbehörde formuliert und darin mitgeteilt wurde, dass sie nicht für die XY Apotheke als Filialleitung zur Verfügung stünde, konnte sie wieder ruhig schlafen.

2.2 Kopie des Arbeitsvertrags

Die Vorlage eines Arbeitsvertrags mit dem Filialleiter ist in nahezu allen Merkblättern oder Formularen der Genehmigungsbehörden in den einzelnen Bundesländern verankert.

---

[5] Siehe „Merkblatt für den Antrag auf Erlaubnis zum Betrieb mehrerer öffentlicher Apotheken ..." im Anhang

Einige Bundesländer verzichten auf die Vorlage, andere verfolgen eine versäumte Einreichung nicht nach. In manchen Bundesländern wiederum ist die Prüfung so streng, dass der vorgelegte Vertrag nicht nur nach der zu leistenden Mindeststundenzahl überprüft, sondern diese zum Teil sogar an die Öffnungszeiten der Apotheke gekoppelt werden[6].

> **! Tipp**
>
> Erkundigen Sie sich vorher – meist genügt ein kurzer Anruf – bei der zuständigen Genehmigungsbehörde, welche Auflagen zu erfüllen sind. Es ist dann wesentlich einfacher, dies bei der vertraglichen Gestaltung zu berücksichtigen.

Von manchen Genehmigungsbehörden wird sogar überprüft, ob der Filialleiter auch für den Personaleinsatz der anderen Mitarbeiter vertraglich verantwortlich gemacht worden ist. Lediglich das Gehalt darf bei den meisten Behörden unkenntlich gemacht werden.

Die Genehmigungsbehörden im jeweiligen Kammerbezirk lassen sich meist recht einfach über die lokale Apothekerkammer recherchieren.

In Niedersachsen zum Beispiel ist die Apothekenaufsicht seitens des Gesundheitsamts der Kammer übertragen worden, damit wird hier direkt bei der Kammer eine Betriebserlaubnis beantragt.

In jedem Fall müssen die Gesundheitsämter der Kreise oder Bundesländer Auskunft über die zuständige Behörde geben[7].

2.3 Polizeiliches Führungszeugnis

Für das Genehmigungsverfahren ist die Vorlage eines Führungszeugnisses erforderlich, wobei die Voraussetzungen an die Aktualität in den Bundesländern voneinander abweichen: Zwischen „neu" und „nicht älter als sechs Monate". Es wird ein Führungszeugnis der „Belegart O" benötigt, das zur Vorlage bei den Behörden bestimmt ist. Als Verwendungszweck muss „Leitung einer Filialapotheke" angegeben sein.

Das Führungszeugnis ist eine Urkunde, die vom Bundeszentralregister in Bonn auf Antrag für jede Person ab 14 Jahren ausgestellt wird. Im Führungszeugnis wird unter Aufführung der vollständigen Personalien verzeichnet, ob die betreffende Person vorbestraft ist oder nicht. Es dient damit im Wesentlichen als Nachweis der Unbescholtenheit zum Beispiel bei der Arbeitsaufnahme.

---

[6] Z. B. Gesundheitsbehörde Köln
[7] Die Gesundheitsämter der einzelnen Bundesländer findet man unter www.gesundheitsamt.de/alle/ behoerde/ga/d/index_m.htm, durch Eingabe der entsprechenden Postleitzahl.

> **» Beispiel**
>
> Aus der Beratungspraxis:
> Zwei Monate bevor ihm die Filialleitung einer Apotheke angeboten wurde, ist ein Apotheker rechtskräftig wegen eines Verkehrsunfalls verurteilt worden, bei dem sein Unfallgegner zu Tode kam. Der Apotheker fragt nach, ob es für ihn Sinn mache, überhaupt ein Führungszeugnis zu beantragen, oder ob er dem Inhaber gleich absagen solle.

Wenn im Führungszeugnis steht: „Inhalt: Keine Eintragung" bedeutet dies, dass man sich als „nicht vorbestraft" bezeichnen darf.

In das Führungszeugnis werden nicht alle Verurteilungen zwingend aufgenommen. So genannte kleinere **Erst**verurteilungen zu einer Geldstrafe von nicht mehr als 90 Tagessätzen oder zu einer Freiheitsstrafe von nicht mehr als drei Monaten werden in der Regel nicht im Führungszeugnis aufgeführt, obwohl sie beim Bundeszentralregister eingetragen sind. Damit stehen die am häufigsten begangenen Delikte im Straßenverkehr einer Berufstätigkeit nicht im Wege.

Das Führungszeugnis kostet ca. 13 € (Stand 2010). Dieser Betrag ist im Zuge der persönlichen Antragstellung bei der örtlichen Meldebehörde zu entrichten.

2.4 Beruflicher Werdegang

Genau wie die Erteilung einer Erlaubnis zum Betreiben einer Apotheke lediglich die Approbation voraussetzt, darf dies auch bei einer Filialleitung nicht anders gehandhabt werden.

Der von einigen Behörden geforderte Nachweis über eine pharmazeutische Berufstätigkeit in den letzten zwei Jahren ist zum Beispiel dann problematisch, wenn der frisch Approbierte gleich die Berufstätigkeit mit einer Filialleitung beginnen möchte. Dieser Nachweis ist vom Gesetzgeber aber eigentlich nicht gefordert.

Im Apothekengesetz ist eine vorherige sechsmonatige pharmazeutische Tätigkeit nur dann vorausgesetzt, wenn der Approbierte zuvor zwei Jahre lang nicht pharmazeutisch tätig war (§ 2 Abs. 3 ApoG). Wollte man von einer grundsätzlichen halbjährigen praktischen Erfahrung vor Erlaubniserteilung ausgehen, so haben dies alle Approbierten durch ihre praktische Zeit in der Ausbildung erfüllt. Es ist daher müßig, darüber zu spekulieren, was in diesem Zusammenhang einen approbierten Inhaber von einem approbierten Angestellten unterscheidet; schließlich könnte der Erstere auch direkt nach Abschluss der Ausbildung eine Apotheke übernehmen.

Eine ausgebildete PTA, die während der Berufstätigkeit ein Pharmaziestudium absolviert und in dieser Zeit durchgehend pharmazeutisch tätig ist, absolviert zusätzlich eine praktische Zeit von sechs Monaten während des Studiums. Eine Ablehnung als Filialleiterin seitens der Behörde könnte daher auf Verwaltungsgerichtlichem Weg[8] verfolgt werden.

---

[8] Siehe Kap. XI Arbeitsrechtliche Instrumente

II Vertragsanbahnung

In diesem Kapitel werden Möglichkeiten und Wege zum Zustandekommen eines Filialleitervertrags beschrieben.

Zu Beginn der Filialisierungen wurden die Filialleitungen häufig nicht mit neuen – von außen kommenden – Mitarbeitern besetzt. Der Inhaber hat vielmehr, nachdem er eine weitere Apotheke gefunden hatte, seine „erste Kraft" angesprochen, um die Leitung der neuen Filiale zu übernehmen. Dabei gab es in der Regel zwei Varianten: Entweder wurde die bisherige Apotheke zur Filiale umgewandelt und der entsprechende Apotheker konnte an seinem gewohnten Arbeitsplatz bleiben. Die zweite Variante war die „Umsetzung" des approbierten Angestellten in die neu gegründete Filiale.

Inzwischen geht die Suche nach einer Filialleitung aber häufig auch den klassischen Weg. So wurden zum Beispiel in sechs der 24 Stellenanzeigen, die in der Jobbörse der Bayrischen Landesapothekerkammer in der ersten Woche des Jahres 2010 geschaltet waren, Filialleitungen gesucht.

In den ersten beiden Fällen lohnt es sich für den Angestellten, zumindest noch einmal einen Blick auf sein „altes Arbeitsverhältnis" zu werfen und dies mit dem neuen Vertragswerk zu vergleichen.

Bei einer Stellenanzeige kann der Inhaber schon bei der Formulierung Fehler und Missverständnisse vermeiden, der Stellensuchende hingegen sollte auch hier bzw. spätestens beim Bewerbungsgespräch die richtigen Fragen stellen.

1 Die ursprüngliche Hauptapotheke wird zur Filiale

Häufig kauft der Inhaber eine oder mehrere Apotheken hinzu und entschließt sich, seine ursprüngliche Apotheke nicht zur Hauptapotheke zu machen, sondern diese zu einer Filiale umzuwandeln. In diesem Fall ändert sich für den Approbierten scheinbar nicht viel.

> **Exkurs**

Diese Variante ist aus behördlicher Sicht unproblematisch. Die einzige Forderung der Behörde ist, dass die Apotheken als Hauptapotheke bzw. Filialen benannt werden. Dies hat den Hintergrund, dass der Amtsapotheker oder Pharmazierat wissen muss, wer vor Ort die Verantwortung hat. Hat der Inhaber eine Apotheke als Hauptapotheke angemeldet, so muss er selbst dort als verantwortlicher Apotheker vorgefunden werden. In einem Apothekenverbund ist diese Hauptapotheke die einzige, in der nur eine Person als „verantwortlicher Apotheker" bezeichnet werden kann, nämlich der Inhaber. In allen anderen Apotheken sind dies sowohl der Inhaber als auch die Filialleiter.

Für den angehenden Filialleiter kann dies die problematischste aller Varianten der Vertragsanbahnung sein, da sich nach außen hin nichts ändern soll, außer dass der Inhaber nur noch sporadisch anwesend ist. In vielen Fällen, insbesondere dann, wenn die Behörde keinen Arbeitsvertrag des Filialleiters sehen will, werden in der Praxis häufig nicht einmal ein Änderungsvertrag oder ein Vertragszusatz vereinbart.

Juristisch und praktisch kann man nur dazu raten, einen expiliziten „Filialleitervertrag" zu vereinbaren. Dies hängt nicht nur mit den vielen Besonderheiten zusammen, die bei einer Filialleitung beachtet werden müssen[1]. Auch müssen sich alle Beteiligten bewusst machen, dass es sich hier um etwas anderes handelt als um einen Vertrag mit einem angestellten Apotheker.

Wenn ein neuer Vertrag nicht zu realisieren ist, kann man vorläufig noch auf die nächst besten Lösungen ausweichen:

1.1 Vertragszusatz

In vielen Fällen wird auch aus Zeitmangel während der Gründung der neuen Filiale zumindest ein „Vertragszusatz", welcher in der Praxis auch als „Vertragsergänzung" oder „Vertragsänderung" oder „Zusatz zum Arbeitsvertrag" bezeichnet wird, geschlossen.

Die einfachste Form lautet beispielsweise:

„Ab dem 1.1.2011 wird die Approbierte als Filialleiterin in der XY-Apotheke eingesetzt."

---

[1] Siehe Kapitel IV Arbeitsrechtliche Stellung und „Arbeitsvertragsmuster für Filialapotheker" im Anhang

Damit ist allerdings nur der Formalie genüge getan worden, da hierdurch inhaltlich noch nichts geklärt ist. Würde der so gekürte Filialleiter nun eigenverantwortlich, wie er es in seiner Rechtsstellung ist, ohne Rückfrage Dispositionen über das Warenlager treffen, ist es schon zweifelhaft, ob der Inhaber diesbezüglich eine Abmahnung aussprechen kann[2].

Es gibt aber auch gebräuchliche, etwas umfangreichere Formulierungen:

> **» Beispiel**
>
> Frau A wird ab dem 1.1.2011 in der XY-Apotheke als Filialleiterin, gemäß § 2 Abs. 5 Satz 2 ApoG eingesetzt. Die Arbeitszeit wird auf 40 Stunden pro Woche angehoben. Das Gehalt beträgt 5.000 € im Monat, dies entspricht einem Entgelt, das 30% über dem Tarif liegt.

Eine solche Formulierung enthält zumindest einige der äußeren Grundbedingungen des Arbeitsverhältnisses[3].

1.2 Beweislasten

Wie bereits erwähnt, ist der Abschluss eines Arbeitsvertrags grundsätzlich auch mündlich möglich. Ein Schriftformerfordernis besteht nur, wenn das Arbeitsverhältnis befristet abgeschlossen werden soll (§ 14 TzBfG) oder der Arbeitgeber ein nachvertragliches Wettbewerbsverbot vereinbaren möchte[4].

Ein arbeitsrechtliches Formerfordernis geht auch aus den Vorschriften des Apothekengesetzes nicht hervor, schließlich soll der Inhaber den Filialleiter nur „benennen".

Vielfach befindet sich sogar in Arbeitsverträgen die Formulierung:

„Änderungen und Ergänzungen dieses Vertrags bedürfen der Schriftform."

Danach könnte man von einer generellen Unwirksamkeit der mündlichen Filialleitungsvereinbarung ausgehen.

Auch der zwischenzeitlich durchaus übliche Satz in Arbeitsverträgen:

„Änderungen und Ergänzungen des Arbeitsvertrags bedürfen der Schriftform. Das gilt auch für den Verzicht auf das Schriftformerfordernis",

ist mittlerweile vom Bundesarbeitsgericht für unwirksam erklärt worden[5].

---

[2] Siehe Kapitel XI Arbeitsrechtliche Instrumente
[3] Weitere Formulierungen befinden sich im Anhang unter „Vertragsformulierungen für die Einsetzung als Filialleiter"
[4] Das Schriftformerfordernis bezieht sich dann nur auf die entsprechenden Klauseln!
[5] Urteil des BAG vom 20. Mai 2008, Az. 9 AZR 382/07

Kurze Erläuterung: Diese Formulierung bedeutet in etwa die Aussage: „Nur was schriftlich geregelt wurde, soll wirksam sein. Weitere Vereinbarungen gelten nicht, auch wenn zuvor vom Arbeitgeber angeboten wurde, dass die Vereinbarung nicht schriftlich festgelegt werden muss."

Solchen Unzuverlässigkeiten im arbeitsvertraglichen Umgang hat das BAG als unzulässig erklärt:

Legt ein Arbeitgeber einen Arbeitsvertrag vor, werden die Vertragsklauseln als Allgemeine Geschäftsbedingung gewertet. Die oben erwähnte doppelte Schriftformklausel kann beim Arbeitnehmer dann den Eindruck erwecken, jede spätere vom Vertrag abweichende mündliche Abrede sei gemäß § 125 Satz 2 BGB nichtig. Das entspricht nicht der Rechtslage. Denn gemäß § 305b BGB haben individuelle Vertragsabreden immer Vorrang vor Allgemeinen Geschäftsbedingungen. Dieses Prinzip des Vorrangs (mündlicher) individueller Vertragsabreden setzt sich auch gegenüber doppelten Schriftformklauseln durch (unangemessene Benachteiligung gem. § 307 Abs. 1 BGB).

Da die genannte Schutzvorschrift allerdings den Arbeitnehmer schützen soll, weil in der Regel der Arbeitgeber den Vertrag gestaltet und diesen dem Arbeitnehmer vorlegt, kann sich der Inhaber nicht auf diesen Schutz berufen, falls der angestellte Apotheker behauptet, eine Filialvereinbarung hätte es gar nicht gegeben.

Unabhängig von den Besonderheiten im Einzelfall kann festgehalten werden: Derjenige, der sich auf eine bestimmte Vertragsklausel oder Änderung beruft, muss beweisen, dass man sich mit seinem Vertragspartner darüber geeinigt hat.

So ist es aus Sicht des Inhabers durchaus sinnvoll, eine schriftliche vertragliche Vereinbarung zu schließen, weil sich Missverständnisse auch zu seinen Lasten auswirken können.

Theoretisch könnte ein angestellter Filialleiter im Nachhinein eine mündliche Vereinbarung abstreiten, „da er ja gar nichts unterschrieben habe". In diesem Fall muss der Inhaber die erfolgte Filialvereinbarung beweisen, da er derjenige ist, der sich auf die Vereinbarung beruft.

Ein anderes Beispiel für das Beweisinteresse des Inhabers ist der oben dargestellte Dispositionsfall. Auch hier müssen die Zuständigkeitsbereiche und Vollmachten genau definiert werden, um Streitigkeiten zwischen Inhaber und Filialleitung vorzubeugen.

Auch der Filialleiter hat ein großes Interesse daran, seine Zuständigkeitsbereiche genau zu umreißen. Der finanzielle Ausgleich für die zeitliche und inhaltliche Mehrbelastung ist ebenso wichtig wie eine genaue Manifestierung der personellen und wirtschaftlichen[6] Kompetenzen.

2 Filialleitung in einer neu gegründeten Filiale

Bei der zweiten Variante kauft der Inhaber eine weitere Apotheke und möchte seinen Angestellten für eine Filialleitung der neuen Apotheke gewinnen. In diesem Fall kann man nicht ganz unauffällig das „alte Arbeitsverhältnis" fortführen, da die Aufnahme der neuen Beschäftigung mit einem Ortswechsel verbunden ist.

In dieser Konstellation kommt es in der Praxis selten vor, dass nicht zumindest eine kurze vertragliche Vereinbarung geschlossen wird. Der bisherige Arbeitsvertrag des Filialleiters bezieht sich (mündlich oder schriftlich) üblicherweise auf einen bestimmten Arbeitsort – und damit auf eine wesentliche Bedingung des Arbeitsverhältnisses[7].

2.1 „Versetzung" oder „Umsetzung" kraft Direktionsrecht

Einen solchen Ortswechsel kann der Inhaber üblicherweise nicht kraft Direktionsrecht verfügen. Ein Arbeitnehmer hat grundsätzlich immer dann einen Rechtsanspruch auf Beschäftigung an einem bestimmten Arbeitsplatz oder in einem bestimmten Arbeitsbereich, wenn sich dies aus seinem Arbeitsvertrag ergibt. Wenn der Arbeitsvertrag einen bestimmten Arbeitsort ausdrücklich festlegt, kann ein Beschäftigter nicht gegen seinen Willen versetzt werden[8].

> ▶ **Definition**
>
> Rechtstechnisch liegt eine „Umsetzung" dann vor, wenn der Arbeitgeber dem Arbeitnehmer kraft seines Weisungsrechts einen neuen Arbeitsplatz zuweist. Voraussetzung ist aber, dass dem Arbeitnehmer keine andere als die geschuldete Arbeit und kein anderer als der vertraglich festgelegte Arbeitsort zugewiesen wird. Von einer „Versetzung" wird gesprochen, wenn die neue Arbeitsstelle in Art, Inhalt und Arbeitsort von der bisherigen verschieden ist.

---

[6] Siehe Kapitel VII und VIII
[7] Siehe Kapitel 3.4
[8] LAG Rheinland-Pfalz – 6 Sa 871/03–

Etwas anderes gilt, wenn der angestellte Apotheker bereits in seinem Vertrag eine Versetzungsklausel vereinbart hat.

Bei einer Stelle als Filialleiter kommt daher nur eine „Versetzung" in Betracht.

Dies gilt im Übrigen auch für andere Angestellte, die – ohne Filialleiter zu werden – in die neu gegründete Filiale wechseln sollen.

Inhaber, die sich bereits mit dem Gedanken befasst haben, möglicherweise eine Filiale zu gründen, wählen oftmals bei Abschluss eines Arbeitsvertrags mit neuen Mitarbeitern die Formulierung:

„Arbeitsort ist die Löwenapotheke sowie alle derzeitigen oder zukünftigen Apotheken des Filialverbunds."

Unabhängig von der Frage nach der Wirksamkeit dieser weit gefassten Formulierung kann dies für eine Filialleitung natürlich keine verpflichtende Wirkung haben. Wohl könnte die Angestellte als „normale" Approbierte versetzt werden. Selbst wenn man unterstellt, diese weit reichende Einsetzungsbefugnis des Apothekers über sein Personal könnte wirksam sein, so kann sich dies nicht auf die Übernahme von Filialverantwortung beziehen. Da der Filialleiter die verantwortliche Leitung übernimmt, unterscheidet sich dies von der lediglich vertretenden Funktion eines approbierten Mitarbeiters.

Eine Anstellung des Approbierten als Filialleitung setzt immer die Einigung über den besonderen Verantwortungsbereich voraus. Allein die Tatsache, dass ein angestellter Approbierter auch den Inhaber vertreten muss, wenn dies vertraglich vereinbart ist, löst den Konflikt nicht. Eine Vertretung ist gesetzlich nur für die Dauer von drei Monaten zugelassen (§ 2 ApoBetrO). Die Übernahme der „Dauervertretung" als Filialleitung muss explizit vereinbart und mit der Behörde abgestimmt werden.

Denkbar ist selbstverständlich auch noch der Ausspruch einer Änderungskündigung des Inhabers. Dies würde die Kündigung des Arbeitsverhältnisses in der Hauptapotheke, verbunden mit dem Angebot, in der Filiale als Leitung zu arbeiten, voraussetzen[9].

> **» Beispiel**
>
> Der Inhaber, der sich mit seinem angestellten Apotheker nicht über den Wechsel in die Filialapotheke verständigen kann, stellt dem Mitarbeiter eine Änderungskündigung folgenden Wortlauts aus: „Das Arbeitsverhältnis in der Blumen-Apotheke wird mit der Frist von einem Monat zum Monatsende gekündigt. Gleichzeitig wird dem Mitarbeiter nach Ablauf der Kündigungsfrist ein neues Arbeitsverhältnis als Filialleiter der Mistel-Apotheke angeboten."

---

[9] Siehe. Kap XI Arbeitsrechtliche Instrumente

Wenn in dem hier dargestellten Beispiel unterstellt wird, dass die Kündigung wirksam ist, wäre das Arbeitsverhältnis nach Ablauf der Kündigungsfrist beendet, wenn der angestellte Apotheker das neue Vertragsangebot nicht annimmt.

Dies ist allerdings eine rein theoretische Möglichkeit, da das vertrauensvolle Verhältnis, mit dem Inhaber und Filialleiter einander begegnen sollen, voraussetzt, dass eine Einigung über die Arbeitsbedingungen stattfindet.

2.2 Vereinbarung einer Rückkehroption

Eine umfassende Vertragsvereinbarung ist jedoch nicht nur erforderlich, weil sich der Arbeitsort ändert. Oft sind die Gespräche über die Übernahme einer Filialleitung davon gekennzeichnet, dass der auserkorene Filialleiter sich wohl fühlt an seinem bisherigen Arbeitsplatz und Bedenken trägt, was mit seinen bisher im Arbeitsverhältnis erworbenen individuellen Ansprüchen geschieht (lange Kündigungsfrist aufgrund der Betriebszugehörigkeit, Urlaubsansprüche, gewährte Zuschüsse zur Altersversorgung etc.). Außerdem kann die Unsicherheit bestehen, ob die Filiale überhaupt rentabel sein wird. Die wirtschaftliche Verantwortung hierfür möchten viele Filialapotheker nicht sofort tragen. Arbeitsvertraglich kann der Filialleiter sich dadurch absichern, dass er mit dem Inhaber eine so genannte Rückkehroption vereinbart. Dabei soll das wirtschaftliche Risiko zu Beginn der Filialleitung begrenzt werden. Da über den Kauf der Filiale seitens des Angestellten nicht mit entschieden wurde, erscheint das Ansinnen legitim.

Bei der Vereinbarung einer Rückkehroption muss in den Filialvertrag aufgenommen werden, dass bei Schließung der Filiale ein (zeitlich begrenzter) Anspruch des Filialleiters besteht, an seinen alten Arbeitsplatz zurückzukehren:

„Das Arbeitsverhältnis von Herrn AB wird zu den alten Bedingungen in der XY-Apotheke fortgesetzt, falls die YZ-Filiale binnen eines Zeitraums von 18 Monaten geschlossen wird."

Eine solche Rückkehroption kann natürlich auch aus anderen Gründen vereinbart werden. Ist zum Beispiel der approbierte Mitarbeiter nicht sicher, ob er die zusätzlichen Verpflichtungen erfüllen kann, so empfiehlt sich eine besondere Vereinbarung einer Probezeit.

Zwar ist die erneute Vereinbarung einer Probezeit für langjährige Mitarbeiter unzulässig, jedoch gilt dies nicht, wenn sich die Erprobung – beiderseitiges Einverständnis vorausgesetzt – auf einen speziellen Aufgabenbereich bezieht. Außerdem darf dann bei nicht bestehen der Probezeit keine Beendigungskündigung vereinbart werden.

Eine Vereinbarung folgenden Wortlauts ist daher rechtlich unbedenklich:

„Die ersten drei Monate der Filialleitung in der YZ-Apotheke gelten als Probezeit. Kündigt eine der Vertragsparteien während der Probezeit, so kehrt der Filialleiter auf seinen ursprünglichen Arbeitsplatz in der XY-Hauptapotheke zu den vorherigen Konditionen zurück."

Bei einer solchen Rückkehroption ist von Seiten des Inhabers zu bedenken, dass die Kündigung nicht zu kurzfristig erfolgen sollte. Bei einer tariflichen Kündigungsfrist von einer Woche innerhalb der ersten drei Monate der Probezeit (§ 19 Ziff. 2 BRTV) ist die Chance, rechtzeitig einen Ersatz für den scheidenden Filialleiter zu finden, schlecht.

3 Öffentliche Stellenanzeige einer Filialleiterstelle

Inzwischen finden sich in allen pharmazeutischen Zeitschriften wie auch auf den Homepages der Apothekerkammern Stellenanzeigen für Filialleiter. Kommt ein Kontakt zustande, ist es sinnvoll, sich auf einige Fragestellungen bzw. ihre Antworten vorzubereiten. Bei der Besetzung einer Filialleitung kann daher das Fragerecht des Arbeitgebers zum Teil ausgeweitet werden. Der Bewerber muss sich zuvor seine Fragen und Antworten sorgfältig zurechtlegen und eine Klärung herbeiführen, damit es während des Arbeitsverhältnisses keine unliebsamen Überraschungen gibt.

3.1 Stellenausschreibung

Eine Stellenausschreibung muss geschlechtsneutral und diskriminierungsfrei formuliert sein, z. B. „Wir suchen eine/n Filialleiter/Filialleiterin für …". Andernfalls drohen dem Inhaber und zukünftigen Arbeitgeber Schadensersatzpflichten der andersgeschlechtlichen und diskriminierten Bewerber. Besonders in diesem Bereich hat das seit dem 18.08.2006 in Kraft getretene Allgemeine Gleichbehandlungsgesetz

(AGG) Auswirkungen[10]. Ebenfalls ist es gefährlich, eine „junge Filialleitung" zu suchen. Hingegen können Teilzeitkräfte unterhalb einer gewissen Stundenzahl bei der Ausschreibung als Vollzeitstelle keine Diskriminierung geltend machen, da die zu arbeitende Stundenzahl durch die öffentlichen Auflagen von der Behörde vorgegeben wird.

3.2 Fragerecht des Arbeitgebers

Der Arbeitgeber kann (und darf) bei der Einstellung nur die Fragen stellen, an deren wahrheitsgemäßer Beantwortung er ein berechtigtes, billigenswertes und schutzwürdiges Interesse hat. Ein solches Interesse liegt immer dann vor, wenn die Beantwortung der Frage für den speziellen Arbeitsplatz und die zu verrichtende Tätigkeit selbst von Bedeutung ist. Unzulässig sind also Fragen, die die Privat- oder Intimsphäre des Bewerbers betreffen.

Antwortet der Bewerber auf eine zulässige Frage bewusst wahrheitswidrig, steht dem Inhaber unter Umständen das Recht zu, den Vertragsschluss später anzufechten, wenn die Einstellung aufgrund der wahrheitswidrigen Antwort erfolgte. Eine Anfechtung kann dann – anders als die Kündigung, die ja immer erst mit einer Frist ausgesprochen werden kann – den Vertrag von Anfang an nichtig machen.

Eine wahrheitswidrige Antwort auf eine unzulässige Frage hat für den Arbeitnehmer hingegen keine rechtlichen Konsequenzen. Es ist daher für Arbeitgeber und Bewerber sinnvoll, sich zunächst zu überlegen, welche Fragen zulässig sind und welche nicht. Nicht legitim sind zum Beispiel Fragen nach den Vermögensverhältnissen, nach einer Eheschließung in absehbarer Zeit oder nach einer Gewerkschafts-, Partei- oder Religionszugehörigkeit.

Bei der Einstellung des Filialleiters wird vor allem die Zulässigkeit von Fragen nach Krankheiten, Schwerbehinderungen und strafrechtlichen Ermittlungsverfahren sowie bereits erfolgten Verurteilungen diskutiert. Dabei gilt die Faustregel: Fragen sind nur zulässig, wenn die Krankheit oder Behinderung die Eignung des Bewerbers für die angestrebte Tätigkeit auf Dauer oder in periodisch wiederkehrenden Abständen erheblich beeinträchtigt oder aufhebt. Dabei ist die Frage nach der (fest-

---

[10] Eine Kurzinformation dazu bietet das von der IHK Berlin erstellte Merkblatt „Das Allgemeine Gleichbehandlungsgesetz" (www.berlin.ihk24.de)

gestellten) Schwerbehinderteneigenschaft generell unzulässig[11], die nach einer Körperbehinderung aber nicht, wenn Sie den Apotheker daran hindern könnte, seine Aufgaben wahrzunehmen. Dabei ist in diesem sensiblen Gesundheitsbereich auch die Frage nach einer Alkoholkrankheit oder Drogenabhängigkeit gegebenenfalls erlaubt. Da auch die Frage nach einer Schwangerschaft nach der Rechtsprechung des Europäischen Gerichtshofes[12] selbst dann nicht zulässig ist, wenn eine Arbeitnehmerin nur befristet eingestellt worden ist und den wesentlichen Teil der Vertragszeit auf Grund der mutterschutzrechtlichen Bestimmungen nicht arbeiten darf, verbietet sich diese Frage auch bei der Besetzung der Stelle einer Filialleiterin.

Strafverfahren und Ermittlungsverfahren müssen in der Regel nur mitgeteilt werden, wenn sie „den Bereich" des neuen Arbeitsplatzes berühren. Dies aber ist schon in dem polizeilichen Führungszeugnis, dass zumindest in einigen Kammerbezirken vorzulegen ist, erwähnt. Vorstrafen müssen nur mitgeteilt werden, wenn sie Eingang in das Bundeszentralregister gefunden haben. Beziehen sich laufende Ermittlungsverfahren auf die persönlichen Voraussetzungen bezüglich Eignung und Zuverlässigkeit des Apothekers, können auch diese mitteilungspflichtig sein.

Wie bereits die Vorschriften der Bundesapothekerordnung[13] (BApO) für die Erteilung einer Approbation voraussetzen, darf der Apotheker sich keines Verhaltens schuldig gemacht haben, aus dem sich Ihre Unwürdigkeit oder Unzuverlässigkeit zur Ausübung des Apothekerberufs ergibt (§ 4 Abs. 1 Ziff. 2. der BApO). Unwürdig und unzuverlässig ist nach der Rechtsprechung, wer sich durch Abrechnungsbetrügereien oder sonstige Abrechnungsunregelmäßigkeiten gegenüber Kassen schuldig gemacht hat[14]. Die Unwürdigkeit eines wegen Mordes rechtskräftig verurteilten Apothekers versteht sich von selbst.

3.3 Fragepflicht des Filialleiters

Auch für den Bewerber ergeben sich vor Abschluss des Filialleitervertrags viele Fragen. Er hat als Bewerber den Vorteil, dass keine Frage als unzulässig eingestuft werden kann.

[11] Preis in Erfurther Komm. § 611 BGB, Rz 347 mwN
[12] EuGH, 4.10.2001 EAS 76/207/EWG Art. 5 Nr.16
[13] Die BApO regelt die allgemeinen Voraussetzungen für das Führen der geschützten Berufsbezeichnung „Apotheker" und ermächtigt das Bundesgesundheitsministerium zum Erlass einer Approbationsordnung.
[14] Zum Beispiel: Urteil des Bundesverwaltungsgerichtes vom 26.9.2002 – 3 C 37.01–

Neben den in den folgenden Kapiteln noch zu erörternden Informationen über Vergütung, Personalverantwortung, Kompetenzen und wirtschaftliche Befugnisse, sollten sich die ersten Fragen auf folgende Themen beziehen:

- Wirtschaftliche Situation der Apotheke (bisheriger Umsatz)
- Bisherige und zukünftige Personaldecke
- Öffnungszeiten der Apotheke
- Belieferung von Altenheimen etc.
- Ansässige Ärzte

Dabei ist natürlich – genau wie bei den Fragen des Inhabers – darauf zu achten, dass die Fragen nicht einer Vernehmung gleichen, sondern Interesse an dem neuen Arbeitsplatz widerspiegeln.

3.4 Arbeitsnachweis

Sollte es beim Statuswechsel zum Filialleiter keine schriftliche Vereinbarung gegeben haben, ist der Inhaber gleichwohl durch das Nachweisgesetz verpflichtet, dem Arbeitnehmer spätestens einen Monat nach Beginn des Arbeitsverhältnisses die folgenden wesentlichen Vertragsbestimmungen schriftlich auszuhändigen (Auszug § 2 NachwG):

- Name und Anschrift der Vertragsparteien
- Beginn (bei befristeten Arbeitsverhältnissen auch die voraussichtliche Dauer des Arbeitsverhältnisses)
- Arbeitsort (gegebenenfalls Hinweis auf verschiedene Beschäftigungsorte)
- Tätigkeit
- Zusammensetzung, Höhe und Fälligkeit des Arbeitsentgelts
- Arbeitszeit, Urlaub
- Kündigungsfristen
- Anwendbare Tarifverträge, Betriebsvereinbarungen

Dies ist natürlich nicht der Idealfall, sondern eine Notlösung für Filialleiter, deren Arbeitsverhältnis nicht durch einen schriftlichen Vertrag fixiert wurde. Der Arbeitsnachweis unterscheidet sich insofern vom Vertrag, als der Filialleiter diesen nicht unterschreibt. Das Dokument ist der allein vom Inhaber bestätigte Inhalt des Arbeitsverhältnisses. Als Basis des Filialleiterarbeitsverhältnisses ist es denkbar ungeeignet, jedoch müssen in der Praxis einige Angestellte darauf zurückgreifen, sodass es nicht unerwähnt bleiben kann.

III Persönliche Voraussetzungen

Berufserfahrung oder Weiterbildungen im pharmazeutischen Bereich sind zwar nicht gesetzlich vorgeschrieben, aber für die Leitung einer Filiale von Vorteil. Neben den breiten pharmazeutischen Kenntnissen ist auch der Umgang mit verschiedenen, im Apothekenalltag vorkommenden Situationen leichter, wenn man über entsprechende Erfahrung verfügt. Der Filialleiter ist in der Regel der Entscheidungsträger zum Beispiel bei Kulanzfragen oder in Notfallsituationen. Anders als der angestellte Approbierte kann er in der Regel nicht auf den Chef verweisen, sondern muss ad hoc eine Entscheidung treffen.

Dies setzt ein besonderes Maß an Verantwortungsbewusstsein voraus, aber auch den Willen, die vertraglich festgelegte Verantwortung zu übernehmen.

In diesem Kapitel soll es um die so genannten „soft skills" gehen, nämlich die Voraussetzungen, die nicht festgeschrieben sind, die aber jede Person, die die Leitung einer Filiale übernehmen will, erfüllen sollte. Im Mittelpunkt stehen sowohl Fähigkeiten (betriebs-)organisatorischer Natur, die Befähigung, auch die Rolle als Personalvorgesetzte zu erfüllen, wie auch ein gewisses wirtschaftliches Grundverständnis. Auch die stete Bereitschaft, sich fortzubilden, gehört dazu. Ob und gegebenenfalls welche Berufserfahrungen bereits vorausgesetzt werden müssen, soll ebenfalls thematisiert werden.

1 Berufserfahrung

Der von manchen Behörden geforderte Nachweis einer zweijährigen pharmazeutischen Berufserfahrung findet sich im Gesetz nicht wieder. Unabhängig davon schadet es natürlich nicht, wenn die Filialleitung in einem vorherigen Angestelltenverhältnis erste Erfahrungen in der Offizin gesammelt hat. Wie jeder Inhaber ist jedoch auch der Filialleiter nach der Approbation grundsätzlich befähigt, eine Apotheke zu führen. Da er aber als Nichtinhaber unter den Kollegen eventuell ganz anders um seine Akzeptanz kämpfen muss als der Apothekeninhaber, von dem das Gehalt kommt, ist eine gewisse Souveränität von großem Vorteil. Nach Ableisten der praktischen Zeit während der Ausbildung sollte jeder für sich einschätzen, ob hier bereits eine gewisse Begabung vorliegt oder ob er erst noch weitere Berufs-erfahrung als Angestellter sammeln will.

2 Wirtschaftliche Grundkenntnisse

Die bisweilen ungeliebte kaufmännische Komponente des Apothekerberufs darf nicht ausgeblendet werden. In weit größerem Ausmaß als ein angestellter Apothe-ker in einer Hauptapotheke ist der Filialleiter für die betriebswirtschaftliche Leis-tung seiner Filiale (mit)verantwortlich. Interesse für betriebwirtschaftliche Zusam-menhänge und Kennzahlen sowie ein regelmäßiges Controlling sollten vorhanden sein oder sich angeeignet werden.

> **! Tipp**
>
> Sprechen Sie als angehender Filialleiter offen mit Ihrem Arbeitgeber, wenn Sie das Warenwirt-schaftssystem noch nicht kennen. Auf dem Fortbildungsmarkt gibt es Veranstaltungen für viele dieser Systeme. Auch die Software-Häuser bieten für ihre Kunden ständig Fortbildungen an. Bitten Sie gleich beim Einstellungsgespräch um eine entsprechende Schulung.

Genauso wie ein Apothekeninhaber hat auch der neue Filialleiter in der Regel kein betriebswirtschaftliches Grundstu-dium absolviert. Dennoch wird zur Be-setzung der Stelle vielfach ein unterneh-merisches, zielorientiertes Denken ge-fordert. Die Filialleitung sollte sich ide-alerweise am Erfolg der Apotheke orien-tieren. Dazu gehört sowohl der Filiale möglichst einen eigenen Charakter zu verleihen oder das vom Inhaber vorgegebene System zu unterstützen. Auch das Warenwirtschaftssystem sollte beherrscht wer-den.

In einigen Kammerbezirken bieten die Industrie- und Handelskammern (IHK) informative Schulungen für die wirtschaftlichen Belange der Filialapotheke an. Auch in den Kammern und Verbänden einiger Bundesländer[1] werden betriebswirt-schaftliche Schulungen organisiert.

Um hier ständig auf dem Laufenden bleiben zu können, soll hier auch empfohlen werden, bereits bei der Vertragsausgestaltung darauf zu achten, dass direkt im Ver-trag ein jährliches Kontingent für Freistellungen aufgrund von Fortbildungen ver-einbart wird.

---

[1] Beispielhaft bietet der LAV BW umfassende Schulungen für Filialleiter an

Inwieweit die wirtschaftlichen Belange auch – wie für die Leitung der Apotheke in § 7 Abs. 1 ApoG normiert – „in eigener Verantwortung" wahrgenommen werden müssen, ist strittig. Dies hängt im Wesentlichen von der vertraglichen Gestaltung des Arbeitsverhältnisses ab[2].

Gewährt der Inhaber dem Filialleiter keinen Einblick in die Bücher der Filiale – dies kommt in der Praxis häufig vor – kann die Filialleitung, die dann hinsichtlich der wirtschaftlichen Situation im Unklaren ist, keine Verantwortung in dieser Hinsicht übernehmen[3]. Das Maß des wirtschaftlichen Einblicks sollte auch bei der Gestaltung der Gehaltsbestandteile[4] unbedingt berücksichtigt werden.

III

Für den Erfolg einer Filialleitung ist es außerdem erforderlich, die Positionierung am Markt umzusetzen und zu leben.

Für die Kundenbetreuung und Kundenbindung ist die Persönlichkeit und Authentizität des Filialleiters eine wichtige Voraussetzung. Auch dabei muss das mit dem Inhaber vereinbarte Konzept stimmig sein.

> **! Tipp**
>
> Eine Filiale, die einen homöopathischen Schwerpunkt bilden will, muss die gängigen Präparate vorrätig haben und sollte zumindest über einen Mitarbeiter verfügen, der eine Fachfortbildung in dieser Richtung gemacht hat und die Kunden beraten kann.

3 Die Rolle des Filialleiters als Personalvorgesetzter

Als neuer Filialleiter ist man entweder Teil eines neuen Teams oder aber auch einziger Neuling in einem Stamm von langjährig tätigen Mitarbeitern. Ebenso ist es

> **» Beispiel**
>
> **Aus der Beratungspraxis**
> Eine Apothekerin, die sich auf eine Stellenanzeige beworben hatte, wurde Filialleiterin in einer Apotheke mit einem seit über zehn Jahren dort tätigen Mitarbeiterstamm von fünf weiteren Angestellten. Die PTA, die sich gleich als erste Kraft vorstellte, teilte bereits am zweiten Tag mit, dass sie unter anderem für die Dienst- und Urlaubspläne zuständig sei und die Filialleitung ihren Urlaubswunsch bitte binnen einer Woche mitteilen möge. Als die verzweifelte junge Approbierte vier Wochen später Rat einholte, war schon alles zu spät – die PTA hatte sich auch in organisatorische Dinge, „die schon immer so gemacht werden" nicht hereinreden lassen. Alle Kollegen hatten sich mit der PTA solidarisiert, der Inhaber wollte sich nicht einmischen. Die Filialleiterin hat schließlich noch innerhalb der Probezeit gekündigt.

---

[2] Siehe Kapitel IV Arbeitsrechtliche Stellung
[3] Siehe Kapitel VIII Wirtschaftliche Verantwortung
[4] Siehe Kapitel VI Vergütung

möglich, dass man in der vorherigen Apotheke bleibt und man allen anderen ehemaligen Kollegen plötzlich vorgesetzt ist.

Selbstverständlich gibt es für die unterschiedlichen Konstellationen keine Patentrezepte. Allerdings sollte man gleich zu Beginn darauf achten, „sich das Heft nicht aus der Hand nehmen zu lassen".

Es ist unbestritten, dass der Filialleiter für die Arbeitsorganisation und damit das reibungslose Funktionieren der Apotheke verantwortlich ist. Diese Pflicht kann er aber nur übernehmen, wenn er sich bereits den Überblick darüber verschafft hat, welche „gewohnheitsrechtlichen" Organisationen bisher etabliert sind. Es empfiehlt sich daher, sich zunächst durch eine Teambesprechung direkt zu Beginn der Beschäftigung einen Überblick zu verschaffen. Die Filialleitung muss sich nicht nur aus der Aktenlage, sondern im persönlichen Gespräch davon überzeugen

– welche Kraft bereits wie lange in der Apotheke ist und
– wie die Zuständigkeiten bisher geregelt wurden.

Wenn es möglich ist, sollte sich der Filialleiter von den entsprechenden Mitarbeitern deren Herangehensweisen und Arbeitsweisen zeigen lassen. Die Filialleitung muss neugierig sein. Wenn man den Kollegen etwa erklärt, dass man die Einsatzplanung aufgrund der eigenen Verantwortung zunächst selber lernen wolle und diese Aufgaben hinterher gerne wieder zurückgäbe, ist oftmals das Eis gebrochen. Es fällt dann oft leichter, die entsprechenden Vorgaben, die die Filialleitung selbst für nötig hält, einzufordern.

Ein altes Motto einer Führungskraft lautet: „Herzlich im Umgang, hart in der Sache"[5].

Bei den Teambesprechungen zu Beginn sollte man die Mitarbeiter gleich informieren, dass Teambesprechungen Arbeitszeit sind und niemand etwas nacharbeiten muss. Daneben hat sich auch ein internes Schulungsangebot für die Mitarbeiter bewährt. Sobald sich die Filialleitung einen Überblick über den Schulungsbedarf der Mitarbeiter verschafft hat, ist zur Teambildung eine gute Inhouse-Schulung, die sowohl kommunikative, als auch fachliche Elemente vereinbart, Gold wert.

Wenn trotzdem etwas nicht richtig läuft, ist es wichtig, dass die Filialleitung Fehler erkennen und den Verantwortlichen zuordnen kann. Der Filialleiter wird an der Art und Weise seiner Kritik von den Kolleginnen gemessen. Eine wichtige Regel

---

[5] Freie Übersetzung von „Spaviter in modo, fortiter in re".

dabei ist, niemals im Vorbeigehen Fehler zu kritisieren und vor allem niemals in Gegenwart von Kunden.

Erst wenn man sich auch in sein Gegenüber einfühlen kann, ist man zur Personalführung befähigt und kann ein erfolgreiches Team auf die Beine stellen. Da nicht jeder ein Naturtalent in Sachen Führungsqualitäten ist, ist die Aneignung zusätzlicher Kenntnisse sinnvoll. Führungsstil, Kritikgespräche, Personalentwicklung, Zielvereinbarungen und Personalbedarfsplanung sind Stichworte dazu.

III

4 Betriebsorganisation

Die Organisation des Betriebs nimmt einen großen Teil der Zeit einer Filialleitung in Anspruch. Dabei sind nicht alle Organisationen während der Öffnungszeiten der Apotheke zu leisten. Wichtig ist in erster Linie, dass man sich zu Beginn einen Überblick verschafft und Aufgaben auch delegieren kann.

Ob es darum geht, dass Automatiktüren klemmen, die Mitwirkung beim Einbau einer Verblistermaschine gefragt ist, oder ob geklärt werden muss, wer rechtzeitig die Notdienstaushänge anbringt, die Filialleitung ist stets erster Ansprechpartner. Selbstverständlich muss sie nicht alles selber machen – auch hier liegt die Kunst im Delegieren und in der Zuweisung von Aufgabenbereichen für jede Position innerhalb der Apotheke.

IV Arbeitsrechtliche Stellung

Die schwierige arbeitsrechtliche Stellung des Filialleiters wird in diesem Kapitel näher erläutert. Unabhängig davon, ob die Behörde einen schriftlichen Arbeitsvertrag zur Genehmigungserteilung verlangt, steht bei der Arbeitsaufnahme eines Filialleiters immer eine vertragliche Vereinbarung dahinter.

Bringt die gesetzliche Voraussetzung der „persönlichen Leitung in eigener Verantwortung" immer gleich eine „leitende Position" im arbeitsrechtlichen Sinne mit sich? Das hängt davon ab, ob ein Filialleiter als leitender Angestellter eingestuft wird. Die für Filialleiter geltenden tariflichen Bestimmungen werden ebenso beleuchtet, wie das Maß an eigener Verantwortung und die Weisungsgebundenheit des Filialleiters.

Die entscheidende Frage lautet: Bringt es die gesetzliche Voraussetzung für die Genehmigung der Filialapotheke zwangsläufig mit sich, dass der Filialleiter ein leitender Angestellter im Sinne des Arbeitsrechts wird?

1 Leitende Position

Betrachtet man den gesetzlichen Zuschnitt und die Verantwortung, die einem Filialleiter auferlegt wird, würde man im Sprachgebrauch und vom allgemeinen Verständnis her immer von einer Leitungsfunktion ausgehen. Wann aber ein Angestellter ein „leitender Angestellter" ist und er daher (arbeitsrechtlich) mit einem anderen Maß gemessen wird als die anderen Mitarbeiter, bestimmen allein Rechtsprechung und Gesetz.

Die Behandlung eines leitenden Angestellten ist in vielen Punkten anders als die eines „einfachen Arbeitnehmers". So hat zum Beispiel der leitende Angestellte einen eingeschränkten Kündigungsschutz. Sein Arbeitsverhältnis kann jederzeit gegen eine Abfindung gekündigt werden. Zwar kann er auch das Arbeitsgericht anrufen und die Kündigung überprüfen lassen, jedoch kann der Inhaber jederzeit ohne Begründung einen Auflösungsantrag stellen, das Arbeitsgericht löst dann gegen eine Abfindung das Arbeitsverhältnis auf.

> **Exkurs**

Überschreibt ein Inhaber den Arbeitsvertrag des Filialleiters mit „selbstständiger Dienstvertrag Filialleiter" und wird später von seinem Angestellten vor dem Arbeitsgericht verklagt, kann er nicht die Zuständigkeit des Arbeitsgerichts rügen, nur weil die Bezeichnung ein freies Dienstverhältnis suggeriert. Für die Wertung als Arbeitnehmer – und damit die Zuständigkeit der Arbeitsgerichtsbarkeit (§ 2 Abs. 1 Nr. 3a–c ArbGG) kommt es nicht entscheidend darauf an, welche Bezeichnung die Parteien ihrem Vertrag gegeben haben. Die Vertragsfreiheit besteht nur darin, beliebige gegenseitige Rechte und Pflichten begründen zu können. Die rechtliche Qualifizierung der getroffenen Abreden ist jedoch ihrer Verfügung entzogen, sie erfolgt nur nach objektiven Kriterien[1]. Das bedeutet also, dass die Vertragsschließenden allein mit Formulierungen im Arbeitsvertrag keine „leitenden Angestellten" erschaffen können. Im Zweifel wird man hier immer beurteilen müssen, was der Filialleiter tatsächlich selbst entscheidet.

IV

Ist der Filialleiter kein leitender Angestellter, ist es dem Inhaber verwehrt, einen Auflösungsantrag zu stellen. Ein Kündigungsschutzprozess ist daher für ihn riskanter. Er würde den Prozess verlieren, weil ein Auflösungsantrag nicht zulässig ist und das Arbeitsverhältnis somit nicht gegen Zahlung einer Abfindung aufgelöst werden kann. Dann kann sich der Inhaber nur von dem Filialleiter trennen, wenn er sich auf irgendeine Art und Weise mit ihm verständigt[2]. Kommt eine Einigung nicht zustande, muss der Inhaber befürchten, dass der Filialleiter auf seinen Arbeitsplatz zurückkehrt. Diese Befürchtung realisiert sich in der Praxis allerdings so gut wie nie. Ist ein Filialleiter aber in dieser Position, so ist eine Auswirkung auf die Höhe einer Abfindung zu beobachten.

Nur am Rande sei erwähnt, dass der leitende Angestellte auch nicht an der Wahl eines Betriebsrats beteiligt ist und der Betriebsrat selber – wenn ausnahmsweise[3] in der Apotheke einer existiert – die leitenden Angestellten nicht schützt. Der Betriebsrat muss vor einer Kündigung eines leitenden Angestellten nicht angehört werden.

Eine weitere Besonderheit für leitende Angestellte ist, dass das Arbeitszeitgesetz (ArbZG) für sie nicht gilt (§ 18 ArbZG) und damit eine unlimitierte Arbeitszeit möglich ist.

Wie unterscheidet sich der einfache Arbeitnehmer vom leitenden Angestellten? Die Definition des Bundesarbeitsgerichts für einen „normalen" Arbeitnehmer lautet:

---

[1] Siehe Beschluss des Landesarbeitsgerichtes Brandenburg vom 26.6 2003 6 Ta 58/03 hier für einen angestellten Apotheker.

[2] Vorausgesetzt, er genießt Kündigungsschutz; siehe Kap. XI Arbeitsrechtliche Instrumente

[3] Obwohl die Gründung eines Betriebsrates schon bei einer Mitarbeiterzahl von fünf Personen möglich ist, wird in Apotheken noch selten davon Gebrauch gemacht.

▷ **Definition**

Arbeitnehmer ist, wer aufgrund eines privatrechtlichen Vertrags im Dienste eines anderen zur Leistung von weisungsgebundener, fremdbestimmter Arbeit in persönlicher Abhängigkeit verpflichtet ist[4]. Er unterliegt dem Weisungsrecht des Arbeitgebers, das Inhalt, Durchführung, Zeit, Dauer und Ort der Tätigkeit betreffen kann[5].

Der leitende Angestellte, für den eine Definition auch bei einem Blick ins Gesetz nicht so einfach zu finden ist, unterscheidet sich hiervon, weil er Kompetenzen im erheblichen Umfang zugeschrieben bekommt. Nach der gesetzlichen Definition in § 5 Abs. 3 S. 2 BetrVG muss er[6]

– **Einstellung und Entlassung vornehmen können,**
– **Prokura oder Generalvollmacht haben und**
– **sonstige wichtige Aufgaben übernehmen.**

Ein Kriterium, das immer mit der Beschreibung eines leitenden Angestellten einhergeht, ist die Zuschreibung der Befugnis **zur selbstständigen Einstellung und Entlassung** von Arbeitnehmern. Dabei grenzt die Rechtsprechung dieses Kriterium noch schärfer ab. Die Einstellung und Entlassung soll nämlich eine bedeutende Anzahl von Arbeitnehmern erfassen und nicht nur einen eng begrenzten Personenkreis[7]. Damit ist für einen Filialleiter, der lediglich die Kompetenz erhält, neue Boten einzustellen oder einem unzuverlässigen Boten zu kündigen, noch keine Leitungsfunktion im rechtlichen Sinne gegeben.

Fest steht auch, dass diese Kompetenzen nicht allein auf dem Papier stehen dürfen. Vereinbart etwa ein Inhaber mündlich mit dem Filialleiter, dass man zwar die Personalkompetenz in den Vertrag aufnimmt, damit die Arbeitszeiten auf die gesamten Öffnungszeiten der Apotheke ausgedehnt werden können, tatsächlich stellt er aber weiterhin sämtliche Mitarbeiter für die Filiale ein, liegt keine leitende Funktion des Filialleiters vor. Bei einer Prüfung durch das Amt für Arbeitsschutz[8] würde der entsprechende Filialleiter weiterhin der Begrenzung der Arbeitszeit nach dem Arbeitszeitgesetz unterliegen.

Dagegen könnte ein Filialleiter, der nur für seine Filiale die echte Personalkompetenz erhält, nicht aber für die Hauptapotheke, sehr wohl leitender Angestellter

---

[4] BAG, Urteil vom 16.2.2000 – 5 AZR 71/99
[5] BAG, Urteil vom 19.1.2000 – 5 AZR 644/98
[6] Legaldefinition in § 5 III 2 BetrVG
[7] BAG 11. März 1982 – 6 AZR 136/79 –
[8] Überwacht, unter anderem auch die Einhaltung der Arbeitszeit – auf Antrag – und ist in einigen Bundesländern den Gewerbeaufsichtsämtern unterstellt.

sein, da es ausreicht, wenn der Angestellte die Kompetenzen für einen Betriebsteil erhält.

Schon jemand, der sich bei seinem Arbeitgeber **rückversichern muss**, ob er einen Angestellten **einstellt oder entlässt,** handelt nicht selbstständig.

Dabei wird natürlich nicht gefordert, dass der leitende Angestellte wie ein Feldwebel Regiment führen muss. Würde eine Vorschrift im Arbeitsvertrag vorsehen, dass der Angestellte andere von seinen Entscheidungen informiert oder jemanden – zum Beispiel in wirtschaftlicher Hinsicht – konsultiert, steht das einer selbstständigen Personalverantwortung nicht entgegen. Die Entscheidung als solche darf aber nicht von der Zustimmung des Inhabers abhängen.

Alle derzeit gängigen Formulararbeitsverträge[9] beinhalten nicht die selbstständige Personalhoheit des Filialleiters.

Standardformulierungen in diesem Bereich sind z. B.:

> **» Beispiel**
>
> „Er hat die Filialapotheke in eigener Verantwortung persönlich zu leiten unter Berücksichtigung der ihm vom Inhaber erteilten Vorgaben. Diesem sind insbesondere vorbehalten:
> - Personalentscheidungen
> - zentraler Wareneinkauf
> - Festsetzung der Verkaufspreise, soweit diese nicht gesetzlich festgelegt sind"

Eine Funktion als leitender Angestellter kommt mit einer solchen oder ähnlichen Formulierung dann nicht in Betracht.

Allein an diesem Kriterium scheitern fast alle derzeit geschlossenen Filialleiterverträge in Hinblick auf die Funktion „leitender Angestellter". Die Personalkompetenz hat in den meisten Fällen der Inhaber inne.

Betrachtet man die gesamten Kriterien, so muss man sich außerdem noch folgende Fragen stellen, um die Position eines Filialleiters zu bestimmen:
- Hat der Filialleiter **selbstständige Einflussnahmemöglichkeiten** auf den Erfolg beziehungsweise den Misserfolg der Apotheke?
- Hat er maßgeblichen Einfluss auf die technische, organisatorische, personelle, kaufmännische und wirtschaftliche Entwicklung der Apotheke?
- Handelt er eigenverantwortlich?

---

[9] Vertrags-Set Arbeitsverträge, Deutscher Apotheker Verlag, Stuttgart
Arbeitsvertrag für Apothekenmitarbeiter, Govi-Verlag, Eschborn

Auch diese zusätzlich hinzukommenden Befugnisse sind, wie die Beispielsformulierung schon zeigt, entweder in den meisten Arbeitsverträgen ausgeschlossen oder stark eingeschränkt.

Insbesondere bei neu einzurichtenden Filialen überlässt häufig der Inhaber dem Filialleiter die Zuständigkeit für eine neue EDV-Ausstattung oder der Inhaber überträgt dem Filialleiter die Aufgabe innerhalb eines bestimmten finanziellen Rahmens die Anschaffung, Einrichtung und den Betrieb einer neuen EDV selbstständig zu organisieren. Meist laufen solche Absprachen neben einem schriftlichen (anders lautenden) Vertrag. Dies ist aber nicht ausreichend für die hier geforderte Eigenverantwortlichkeit im Sinne der selbstständigen Leitung, da nur ein begrenzter Teilaspekt übertragen wird.

> **! Tipp**
>
> Es ist beiden Seiten anzuraten, gerade bei höherpreisigen Anschaffungen eine kurze schriftliche Vereinbarung zu treffen. Missverständnisse können aus dem Weg geräumt werden, bevor sie entstehen, wenn vorher das Budget und vorausgesetzte Leistungskriterien festgehalten werden.
> „Der Filialleiter beschafft für die YZ-Filiale eine neue EDV plus Drucker (mit Rezeptdruckfunktion), zwei Terminals, das Warenbewirtschaftungssystem P, und lässt dies einrichten. Als Budget werden x-Tausend € festgelegt. Bei voraussichtlichem Überschreiten des Budgets muss sich der Filialleiter zuvor eine Kostenzusage des Inhabers geben lassen."

Außer dieser technischen Verantwortung werden Filialleiter auch mit den meisten organisatorischen Fragen innerhalb der Filiale betraut. Vom Personaleinsatz bis zur Koordination von Handwerkern wird alles in die Hand des Filialleiters gelegt. Die wirtschaftliche und kaufmännische Leitung hingegen wird ihm in der Regel nicht übertragen. Ob dies in einem Filialverbund, der sich gerade gebildet hat, notwendig ist, um gewisse Synergieeffekte zu erzielen, sei dahin gestellt.

Die Entscheidungen, ob der Wareneinkauf zentral organisiert wird und wo zu welchen Konditionen eingekauft wird, ist eine klassische Unternehmerentscheidung.

Welche Aktionen eine Apotheke plant, was in die Sichtwahl kommt und wie die vorhandenen Arbeitskräfte eingesetzt werden, kann dagegen auch von einem Angestellten entschieden werden. Die Zuständigkeit hierfür ergibt sich sinnvoller Weise aus dem Arbeitsvertrag.

Festzuhalten bleibt: Selbst wenn ein Filialleiter

– die Erstellung und Koordination von Dienstplänen vornimmt (Dienstpläne, Überstundenregelungen, Urlaubskalender),

- kurzfristig Aushilfskräfte verpflichten kann,
- Personalbedarf feststellen sowie ein entsprechendes Konzept erarbeiten darf und
- die Aufgabengebiete der Mitarbeiter bestimmen kann

ist er kein leitender Angestellter, wenn er nicht selbstständig einstellen und entlassen darf.

Nach dem oben Gesagten ergibt sich, dass ein Filialleiter ein (weisungsgebundener) Angestellter ist. Auch wenn er in leitender Funktion tätig ist, ist er kein leitender Angestellter im Sinne des Arbeitsrechts. Hinsichtlich des Kündigungsschutzes, der Arbeitszeit und der Stellung in Beziehung zu einem Betriebsrat gelten für ihn keine Besonderheiten.

IV

2 Weisungsgebundenheit des Fililalleiters

Wenn allerdings der Filialleiter pharmazeutisch die „persönliche Leitung" in eigener Verantwortung übernommen hat, obwohl er arbeitsrechtlich ein weisungsgebundener Angestellter ist, muss hier klar unterschieden werden, wo der Filialleiter vertraglich und auch inhaltlich Weisungen unterliegt und wo dem seine Eigenverantwortung entgegensteht.

Hier muss zwischen der organisatorischen, der finanziellen und der pharmazeutischen Verantwortung unterschieden werden.

Will man es klar auf den Punkt bringen, so ergeben sich organisatorische und finanzielle Verantwortungen aus dem Arbeitsvertrag, sind also bis an die Grenze der arbeitsrechtlichen Schutzgesetze und der pharmazeutischen Vorschriften verhandelbar. Die Weisungsgebundenheit eines angestellten Filialleiters ergibt sich direkt aus dem arbeitgeberseitigen Direktionsrecht.

> **Exkurs**

Nach § 106 Gewerbeordnung (GewO)[10] kann der Arbeitgeber Inhalt, Ort und Zeit der Arbeitsleistung nach billigem Ermessen näher bestimmen, soweit diese Arbeitsbedingungen nicht durch den Arbeitsvertrag, Bestimmungen einer Betriebsvereinbarung, eines anwendbaren Tarifvertrags oder gesetzliche Vorschriften festgelegt sind. Dies gilt auch hinsichtlich der Ordnung und des Verhaltens der Arbeitnehmer im Betrieb.

[10] Diese zum 01.01.2003 eingeführte Vorschrift der GewO gibt lediglich die bereits bestehende Rechtslage wieder. Zuvor leitete man die Grenzen des arbeitgeberseitigen Weisungsrechts aus § 315 Abs. 1 Bürgerliches Gesetzbuch (BGB) her.

Rechtliche Beschränkungen des Weisungsrechts ergeben sich aus dem Arbeitsvertrag, aus Tarifverträgen oder gesetzlichen Bestimmungen.

2.1 Arbeitsvertrag

Bereits in Kapitel II wurden die wesentlichen Bedingungen der vertraglichen Vereinbarung angesprochen.

Der Arbeitsort eines Filialapothekers ergibt sich bereits durch die Verantwortung für eine bestimmte Filiale.

> **» Beispiel**
>
> Ein Inhaber, dessen Vertretungs-Approbierter der Hauptapotheke längerfristig krankheitsbedingt ausgefallen war, hatte einen mehrmonatigen Auslandsaufenthalt mit seiner Familie geplant. In Ermangelung eines weiteren Vertreters weist er den Filialleiter seiner Apotheke an, die mehrmonatige Urlaubsvertretung in der Hauptapotheke zu übernehmen. Die Filialapotheke, so der Inhaber, würden in der Zeit schon die geringfügig tätige Approbierte der Filiale (zehn Stunden pro Woche) und seine seit 30 Jahren beschäftigte PTA übernehmen.

Im vorliegenden Beispiel hatte der Filialleiter nicht die Klausel „Der Arbeitnehmer kann auch in weiteren Apotheken des Inhabers eingesetzt werden" in seinem Vertrag festgehalten. Es war daher schon aufgrund des Arbeitsvertrags deutlich, dass der Inhaber nicht berechtigt war eine solche Umsetzung durch einfache Weisung vorzunehmen[11].

Geht es um die Weisung mit Blick auf die Arbeitszeit, so hat dieses Thema mehrere Facetten.

Üblicherweise muss im Arbeitsvertrag eine bestimmte oder zumindest bestimmbare Arbeitszeit festgeschrieben sein, da ansonsten von dem Angestellten nicht überblickt werden kann, welche Zeit er denn für das vereinbarte Geld arbeiten muss. Eine Regelung, die daher – auch bei übertariflicher Bezahlung – die Ableistung von der Anzahl nach nicht begrenzten Überstunden vorsieht, ist nicht hinreichend bestimmt und daher unwirksam[12].

Häufig wird in Verträgen mit Filialleitern die folgende Klausel aufgenommen:

„Die regelmäßige Arbeitszeit beträgt 40 Wochenstunden. Eventuell anfallende Überstunden, die über die regelmäßige Arbeitszeit hinausgehen, sind mit dem Gehalt abgegolten."

---

[11] Ob dies aus apothekenrechtlicher Sicht möglich wäre, siehe Kapitel X.
[12] Mit Inkrafttreten des Schuldrechtsmodernisierungsgeseztes zum 01.01.2002 werden auch Arbeitsverträge darauf kontrolliert, ob sie gegen die Schutzvorschriften über allgemeine Geschäftsbedingungen verstoßen (§§ 305 bis 310 BGB).

Diese Klausel ist unwirksam. Bei der pauschalen Abgeltung von Überstunden muss für den Filialleiter transparent sein, auf wie viel Vergütung er verzichtet. Dies ist in der Regel nur dann der Fall, wenn eine Obergrenze für pauschal abgegoltene Überstunden vereinbart und die darüber hinaus geleistete Mehrarbeit bezahlt wird.

Eine Klausel wie

„Die Arbeitszeit beträgt 40 Stunden in der Woche. Bis zu acht Überstunden in der Woche sind mit dem übertariflich gezahlten Gehalt abgegolten."

widerspricht daher nicht dem Transparenzgebot. Allerdings können hier, je nach inhaltlicher Ausgestaltung, Arbeitszeitgesetze verletzt werden, wenn im Vertrag zum Beispiel 28 Überstunden bei einer 40-Stunden-Woche gefordert würden.

IV

› Exkurs

Ein weiterer Unwirksamkeitsgrund, der ebenfalls – wenn auch selten – bei Filialapothekerverträgen vorkommt ist der so genannte Lohnwucher.
Das Bundesarbeitsgericht[13] hat entschieden, dass nach § 138 Abs. 2 BGB ein Vertrag nichtig ist, durch den jemand durch eine Arbeitsleistung eines anderen Vorteile erwirtschaftet, bei der die Bezahlung in einem auffälligen Missverhältnis zu der Arbeitsleistung steht. Das Gericht hat ein auffälliges Missverhältnis zwischen Leistung und Gegenleistung dann angenommen, wenn die Arbeitsvergütung nicht einmal zwei Drittel eines in der betreffenden Branche und Wirtschaftsregion üblicherweise gezahlten Tariflohns erreicht. Sollte also ein Approbierter, dessen Tarifgehalt 3.672,– € beträgt[14], als Filialleiter weniger als 2.460,24 € für eine 40-Stunden-Woche verdienen, so wäre der Vertrag nichtig. Im Übrigen kann auch eine bei Abschluss des Arbeitsvertrags zunächst nicht zu beanstandende Vergütung durch die Entwicklung des Tariflohns wucherisch werden, wenn das Gehalt nicht entsprechend angepasst wird.

Klauseln im Arbeitsvertrag, die gegen die Schutzvorschriften über allgemeine Geschäftsbedingungen[15] verstoßen, sind unwirksam. Sie dürfen bei einem Rechtsstreit vom Arbeitsgericht auch nicht auf das gerade noch zulässige Maß angepasst werden.

Die Arbeitszeit spielt aber noch in einem anderen Zusammenhang – nämlich der Lage der Arbeitszeit – eine Rolle. Auch wenn eine genaue Stundenanzahl vertraglich vereinbart wurde, kommt es oft zu erbitterten Streitigkeiten, zu welchem Zeitpunkt genau die Arbeit zu leisten ist.

---

[13] Urteil des BAG vom 22.4.2009, 5 AZR 436/08
[14] Tarifgehalt eines Apothekers in der höchsten Berufsjahresgruppe (ab 11. Berufsjahr) laut Gehaltstarifvertrag Stand 1.1.2010.
[15] Dazu mehr in Kapitel XI Arbeitsrechtliche Instrumente.

Selbstverständlich kann man diese Streitigkeiten vermeiden, wenn direkt in den Arbeitsvertrag die Lage der üblichen Arbeitszeit aufgenommen wird, z. B.:

Montag   von 8.00 – 18.30 Uhr

Dienstag von 8.00 – 18.30 Uhr

Mittwoch von 8.00 – 15.00 Uhr

usw.

Eine solche Regelung hat Vieles für sich und ist bei regulären Arbeitsverhältnissen auch eine vernünftige Orientierung. Inwieweit ein Filialleiter auf eine solche Regelung bestehen kann, ist äußerst zweifelhaft. Es kommt in der Praxis häufig vor, dass Mitarbeiter ausfallen und spontan ersetzt werden müssen. Wenn zum Beispiel ein approbierter Mitarbeiter, der eigentlich Dienst hätte, krankheitsbedingt ausfällt, kann der Filialleiter nicht bereits um 15 Uhr die Apotheke verlassen. Hat der Inhaber dem Filialleiter – wie in den meisten Fällen – die Organisation des Filialbetriebs übertragen, muss er zumindest Ersatz suchen. Dabei kommt es dann gelegentlich vor, dass der Filialleiter mangels einer Ersatzkraft weiter arbeiten muss. Die Schließung der Apotheke kommt hier während der regulären Öffnungszeiten nicht in Betracht. Dies muss vom Filialleiter nicht nur mit dem Inhaber, sondern auch mit der Apothekerkammer erörtert werden. Diese stimmt der Schließung der Apotheke nur dann zu, wenn die Versorgung der Bevölkerung nicht gefährdet ist. Wenn mehre Apotheken im Umkreis geöffnet sind, ist dies sicherlich der Fall. In ländlichen Gebieten wird dies je nach Apothekendichte schwieriger. So kann z. B. in kleineren Orten mit zwei Apotheken die Kammer eine Möglichkeit einräumen, abwechselnd Betriebsferien zu machen. Hat dort bereits eine Apotheke Betriebsferien, kommt für die Andere eine Schließung nicht mehr in Betracht.

2.2 Gesetzliche Beschränkungen des Weisungsrechts

Neben den Begrenzungen des Weisungsrechts für den Inhaber gegenüber dem Filialleiter aus vertraglicher Sicht sind noch gesetzliche Beschränkungen zu beachten. An erster und – für den Filialleiter – wahrscheinlich wichtigster Stelle sind hier die Grenzen, die das Arbeitszeitgesetz (ArbZG) zieht, zu nennen. Die danach vorgesehenen acht Stunden pro Tag an sechs Tagen in der Woche, können ausgedehnt werden auf zehn Stunden pro Tag (§ 3 ArbZG). Es wäre damit theoretisch möglich, dass der Filialleiter 60 Stunden in der Woche arbeitet.

Natürlich ist dies gesetzlich nur als Ausnahmefall vorgesehen. Die aufgrund dieser Vorschrift im Verhältnis zum Arbeitsvertrag zu viel gearbeiteten Stunden müssen binnen sechs Monaten oder 24 Wochen wieder so ausgeglichen werden, dass sich wieder Acht-Stunden-Tage (bzw. 48–Stunden-Wochen) ergeben.

> **» Beispiel**
>
> Der Filialleiter musste aufgrund der Erkrankung des zweiten Approbierten vier Wochen lang die gesamte Öffnungszeit von 60 Stunden allein überbrücken. Nach Rückkehr des Kollegen schreibt er einen Arbeitsplan, nachdem er in den folgenden vier Wochen jeweils 12 Stunden weniger arbeitet. Der Inhaber kritisiert das, da er selbst in dieser Zeit Urlaub macht und weist ihn an, den Arbeitsplan zu ändern.

In dem beschriebenen Beispiel durfte der Inhaber die Änderung des Wochenplans verlangen, da dem Filialleiter vertraglich nicht die alleinige Organisation der Arbeitspläne zugesprochen war. Aus dem Gesetz geht nur hervor, dass der Ausgleich in den nächsten sechs Monaten zu erfolgen hat, damit besteht kein Anspruch auf den sofortigen Ausgleich der Mehrarbeit. Anders sieht es aus, wenn der Filialleiter vertraglich vereinbart hat, dass er für die Ausgestaltung der Dienstpläne allein verantwortlich ist. In diesem Fall kann der Inhaber nicht seinen eigenen Urlaub als Argument verwerten, da der Filialleiter nicht dessen Vertreter in der Hauptapotheke ist[16].

Aber auch andere gesetzliche Vorschriften begrenzen die Weisungsmöglichkeiten des Inhabers. So gibt es nach dem Bundesurlaubsgesetz (BUrlG) kein Arbeitsverhältnis ohne Urlaubsanspruch.

2.3 Tarifvertrag

Zu Beginn der Apotheken-Filialisierung im Jahr 2004 wurde die Frage erörtert, ob der Bundesrahmentarifvertrag für Apothekenangestellte (BRTV) auch für Filialleiter gelte, da diese dort noch nicht erwähnt waren. Dies haben die Tarifvertragsparteien inzwischen (erstmals in dem am 1.1.2005 vereinbarten BRTV) nachgeholt. Der Filialleiter wird in § 1 BRTV erwähnt und damit so behandelt wie Verwalter und Vertreter. Da der Tarifvertrag zum großen Teil Mindestbedingungen regelt, ist die Geltung des Tarifvertrags hauptsächlich wegen der apothekenrechtlichen Besonderheiten, wie zum Beispiel der Nacht- und Notdienstregelung, interessant.

---

[16] Zu der Frage, wer wen vertreten darf, siehe Kapitel VII Personalverantwortung

Im Gehaltstarifvertrag hat die Filialleitung bisher keine Berücksichtigung gefunden. Die Gehaltsgestaltung bleibt daher einzelvertraglicher Vereinbarung überlassen[17].

Aber auch die Tatsache, dass im Tarifvertrag viele Komplexe eines Arbeitsvertrags bereits geregelt werden, die sonst alle einzelvertraglich ausgehandelt werden müssten, erklärt die häufige Inbezugnahme des Tarifvertrags.

Es sei hier nur am Rande erwähnt, dass der BRTV dann auf jeden Fall anzuwenden ist, wenn beide Parteien tarifgebunden, also Mitglied in ihrem jeweiligen Verband sind. Auf der Arbeitgeberseite sind dies der ADA, die TGL Nordrhein oder der SAV, die Arbeitnehmer werden durch ADEXA – Die Apothekengewerkschaft – vertreten.

Ist eine der Parteien nicht Verbandsmitglied bzw. ist dies bei Vertragsabschluss unbekannt, so wird oft im Arbeitsvertrag auf den Tarifvertrag Bezug genommen. Selbst wenn beiden Parteien bewusst ist, dass der Tarifvertrag wegen mangelnder Tarifbindung nicht automatisch Geltung erlangt, wird häufig – allein wegen der Einheitlichkeit und der Einschätzbarkeit der Arbeitsbedingungen – darauf Bezug genommen.

Dabei finden hauptsächlich die folgenden Formulierungen, die meistens am Ende des Vertrags stehen, Verwendung:

„Im Übrigen gelten die Bestimmungen des Bundesrahmentarifvertrags.
Auf diesen Vertrag findet der BRTV in seiner jeweils gültigen Fassung Anwendung."

Ist dies der Fall, kann sich der Filialleiter jedoch nicht darauf berufen, eine Höchstarbeitszeit von 40 Stunden in der Woche leisten zu müssen, da sowohl die Arbeitszeitregelung (§ 3 BRTV) als auch die Regelung über die Vergütung von Nacht–, Sonn-, und Feiertagsarbeit (§§ 7,8 BRTV) für Filialleiter nicht anwendbar sind. Allerdings, so der Tarifvertragstext, geschieht dies „zu Gunsten einzelvertraglicher Regelungen". Dies soll auf keinen Fall bedeuten, dass der Filialapotheker wegen seiner verantwortlichen Stellung schlechter bezahlt werden soll. Dies wäre auch widersinnig. Vielmehr wurde eine solche Regelung getroffen, weil davon ausgegangen werden kann, dass das starre Korsett der Feiertagszuschläge auf den Zuschnitt des Filialapothekers nicht passt, gerade wenn auf der Gehaltsseite Tantiemen, Gewinnbeteiligungen oder Ähnliches vereinbart werden[18].

---

[17] Siehe Kapitel VI Vergütung
[18] Siehe Kapitel VI Vergütung

Allerdings gibt es auch Negativbeispiele. Wenn etwa eine um 15% übertarifliche Bezahlung vereinbart wird, dafür aber Notdienste, Feiertags- und Mehrarbeitszuschläge abgegolten sein sollen, kann der Filialapotheker schnell in eine untertarifliche Bezahlung[19] abrutschen.

Einer der gerade für den Inhaber wichtigsten Bestandteile des Tarifvertrags ist die Notdienstregelung. Gilt der Tarifvertrag nicht, so muss dies zum Beispiel sowohl hinsichtlich der generellen Verpflichtung zum Dienst als auch hinsichtlich der Bezahlung einzelvertraglich geregelt werden. Außerdem gilt außerhalb des Geltungsbereichs des Tarifvertrags, dass Bereitschaftsdienst (also auch Notdienste) vollumfänglich als Arbeitszeit betrachtet werden muss[20]. Im Tarifvertrag ist zugunsten der Inhaber in § 7 Ziff.4 BRTV bestimmt:

IV

> ### 💬 Zitat
>
> Die Notdienstbereitschaft entsprechend § 5 ist – unbeschadet abweichender lohnsteuer- und sozialversicherungsrechtlicher Beurteilung – arbeitsrechtlich weder Mehrarbeit noch Nacht-, Sonn- und Feiertagsarbeit.

Alle Vorschriften des BRTV[21] gestalten das Arbeitsverhältnis – auch das eines Filialapothekers mit. Da es sich, wie bereits erwähnt, um Mindestbedingungen handelt, ist darauf zu achten, dass nicht ausgerechnet der Filialleiter schlechter behandelt wird. So ist zum Beispiel in § 12 BRTV Bildungsurlaub geregelt, dass Apotheker innerhalb von zwei Kalenderjahren einen Anspruch auf sechs Werktage Bildungsurlaub für fachlich-wissenschaftliche Fortbildungen erhalten, wenn dieser rechtzeitig, also einen Monat vor der jeweiligen Veranstaltung, beantragt wird.

> ### ❯ Exkurs
>
> Es kommt häufig vor, dass die Filialleitung zeitlich vollständig eingeplant ist und eine Fortbildung eher als den Arbeitsplan störend wahrgenommen wird. Will man dem heutigen Anspruch an den beratenden Beruf des Apothekers genügen, darf sich auch ein Filialleiter in seinem Fortbildungsbemühen nicht davon beeinträchtigen lassen. Auch wenn er in seiner arbeitsfreien Zeit an einer Fortbildungsveranstaltung teilnimmt, für die ihm ein Anspruch auf Bildungsurlaub gemäß § 12 Ziffer 1 zusteht, kann er für die Teilnahme einen Freistellungsanspruch innerhalb der auf die Ver- ▶

---

[19] Zur Berechnung des Stundenlohnes siehe Kapitel VI Vergütung
[20] Simap – Urteil des EUGH v. 3.10.00 C- 303/98.
[21] Bisher einziger Kommentar zum BRTV: Fichtel U: Bundesrahmentarifvertrag für Apothekenmitarbeiter, Kommentar für die betriebliche Praxis, Deutscher Apotheker Verlag, Stuttgart 2009.

◄ anstaltung folgenden zwölf Wochen geltend machen. Diese Freistellung wird ihm dann entsprechend von seinem Anspruch auf Bildungsurlaub abgezogen. Auch eine nur stundenweise Teilnahme an einer Fortbildungsveranstaltung kann auf den Bildungsurlaubsanspruch angerechnet wird. Eine Fortbildung über vier Stunden wird als ganzer Tag auf den Bildungsurlaub angerechnet.

Inhaltlich regelt die Vorschrift die Freistellung der Arbeitnehmer für die genannten Veranstaltungen unter Fortzahlung der Vergütung. Es gibt inzwischen in fast allen Kammerbezirken zertifizierte Fortbildungsveranstaltungen bzw. Fortbildungsreihen. Durch diese Bewertung der Apothekerkammern entfällt die inhaltliche Überprüfung der Eignung der entsprechenden Fortbildungen.

Nicht geregelt ist allerdings die Finanzierung der Fortbildungsveranstaltungen. Hat der Inhaber kein Interesse an der Teilnahme seines Mitarbeiters, ist er nach dieser Vorschrift nur verpflichtet den Filialleiter von der Arbeit freizustellen. Wünscht allerdings der Arbeitgeber die Teilnahme an bestimmten Fortbildungen, so muss zuvor geregelt werden, wer die Teilnahme bezahlen soll. Ohne eine ausdrückliche Vereinbarung hat der Filialleiter keinen Rechtsanspruch auf Übernahme der Kosten.

Häufig gibt es Vereinbarungen zwischen den Parteien, die die Finanzierung durch den Inhaber regeln. Meistens verpflichtet sich der Filialleiter darin, dem Inhaber noch nach Abschluss der Fortbildung für einen gewissen Zeitraum zur Verfügung zu stehen und zum Beispiel für die nächsten drei Jahre nicht zu kündigen.

Generell sind solche Vereinbarungen zulässig, wenn sie den Filialleiter nicht über Gebühr an seinen Arbeitsplatz binden. In den erwähnten vertraglichen Vereinbarungen ist meistens eine abgestufte Regelung zu finden. Darin wird vereinbart, dass der Filialleiter bei Ausscheiden nach einem oder mehreren Jahren die Gesamtsumme bzw. einen Teil derer an den Inhaber zurückzahlen muss.

Allerdings sind solche Vereinbarungen nicht unbegrenzt zulässig. Gemäß einem sehr weit gehenden Urteil des BAG ist auch eine auf 36 Monate angelegte, abgestufte Rückzahlungsklausel nicht zu beanstanden[22].

2.4 Pharmazeutische Weisung

Der heikelste Punkt zum Schluss: Der approbierte Filialleiter, der in eigener Verantwortung persönlich die Filiale leitet, kann schon aufgrund seiner eigenen Approbation im Hinblick auf den pharmazeutischen Kernbereich nicht weisungsgebunden sein. Das bedeutet, dass das Weisungsrecht hier durch Gesetze, nämlich apothekenrechtliche, arzneimittel- und heilmittelrechtliche Vorschriften begrenzt ist und nicht der arbeitsvertraglichen Dispositionsfreiheit der Vertragspartner unterliegt.

Jedwede pharmazeutische Weisung ist daher unzulässig und im arbeitsrechtlichen Verhältnis kein Grund für eine Abmahnung oder Kündigung.

Leider kommt es in der Praxis trotzdem immer wieder vor, dass der Inhaber solche unzulässigen Weisungen erteilt.

---

[22] BAG, Urteil v. 17.11.2005 6 AZR 160/05 – im ersten Jahr nach Beendigung der Fort- oder Weiterbildung volle Rückzahlung, im zweiten Jahr zu zwei Dritteln und im dritten Jahr zu einem Drittel

> **» Beispiel**
>
> In der Unterweisung des Filialapothekers teilt der Inhaber diesem mit, dass in dieser Apotheke verschreibungspflichtige Potenzmittel (z. B. Viagra) immer ohne Rezept abgegeben werden.

In dieselbe Kategorie fällt etwa die Anweisung, den Stammkunden auch rezept-pflichtige Medikamente „erst einmal" ohne Rezept gegen Bezahlung auszuhändi-gen, da sie es ja immer nachreichen. Es liegt auf der Hand, dass der „neue" Filial-leiter nicht die Stammkunden vergraulen soll, dennoch bleibt es seine Pflicht, zu-mindest den Arzt anzurufen und dort nachzufragen, wenn er das Medikament ab-geben will. Dies entspricht der Verpflichtung des Arztes aus § 4 AMVV, den Apo-theker zu informieren, falls er einen Patienten ohne Rezept an die Apotheke ver-wiesen hat.

3 Übertragungen von Kompetenzen auf den Filialleiter

Welche Kompetenzen werden sinnvollerweise auf den Filialleiter, der in den meis-ten Fällen kein leitender Angestellter ist, übertragen? Daran scheiden sich die Geis-ter. Ob Personalverantwortung, die Geschäfte des täglichen Betriebs oder das Wa-renlager, wichtig ist zunächst, dass das Gewollte und Vereinbarte genauestens schriftlich festgehalten wird. Als Anlage zum Arbeitsvertrag kann das von der Treu-hand Hannover GmbH entwickelte Kompetenzraster[23] empfohlen werden.

Hier werden nicht nur viele Bereiche genau auf-gezeigt, sondern jeweils in die Kategorien „Allein-verantwortlichkeit des Fi-lialleiters" und „Entschei-dung nach Rücksprache mit dem Inhaber" aufge-teilt. Wer sich gleich am

> **» Beispiel**
>
> F = Filialleiter kann selbstständig entscheiden
> E = Nachfrage/Abstimmung mit Erlaubnisinhaber erforderlich
> Verkauf, Beratung, besondere Belieferungen (E/F)
> Betriebsaufnahme Rezeptsammelstelle, Altenheim (E/F)
> Akquise und Abwicklung Sprechstundenbedarf (E/F)
> Abwicklung Rezeptsammelstelle (E/F)
> Abwicklung Altenheim-Belieferung (E/F)
> Ringeinkauf (mit anderen Apotheken) (E/F)

---

[23] Siehe „Kompetenzraster Filialleiter der Treuhand Hannover GmbH" im Anhang

Anfang die Mühe macht, ein solches Kompetenzraster zu erstellen, hat eine genaue Orientierung über den Aufgabenbereich des Filialleiters. Allerdings kann man diese Liste auch erst zum späteren Zeitpunkt – dann nämlich, wenn die ersten Fragen auftauchen – erstellen.

V Arbeitszeit und Freizeit

Ein besonders wichtiges Kapitel im Arbeitsleben eines Filialleiters ist die Regelung
der Arbeitszeit.
Die Spannbreite der in der Praxis getroffenen Vereinbarungen ist dabei groß.
Nicht nur die Arbeitszeiten variieren von 12 bis 48 Stunden pro Woche.
In vielen Verträgen sind hier pauschale Absprachen bezüglich der Überstunden
getroffen. So heißt es etwa: „Die Arbeitszeit beträgt 40 Stunden zuzüglich der
anfallenden Überstunden", oder „Die Arbeitszeit beträgt 35 Stunden, dabei sind
Überstunden bis zur gesetzlichen Höchstarbeitszeit zu leisten". Dies sind nur zwei
Beispiele für die vielfältigen Formulierungen. In diesem Kapitel sollen deshalb die
wichtigsten tariflichen, gesetzlichen und behördlichen Bestimmungen zur Mindest-
und Höchstarbeitszeit sowie zur Pausenregelung angesprochen werden. Aber auch
die Perioden längerer Pausen, wie z. B. Urlaub oder Mutterschutz während des
Filialleitungsverhältnisses bedürfen der Erwähnung. Dabei soll·unter anderem
aufgezeigt werden, welche Formulierungen wegen Verstoßes gegen geltendes Recht
unwirksam sind und vor allem welche Konsequenzen für den Filialleiter und den
Inhaber aus dieser Unwirksamkeit folgen.

1 Regelarbeitszeit

Bei der Vereinbarung der Arbeitszeit ist zunächst einmal die **Mindestarbeitszeit** zu betrachten. Sucht man die Gesetze nach einer Bestimmung ab, wird man leider nicht fündig. Es gibt schlicht keine Bestimmung, die genau sagt, wie viele Stunden wöchentliche Tätigkeit in der Filiale die Voraussetzung sind, um überhaupt eine Filiale leiten zu können.

Dass es hier eine Begrenzung nach unten geben muss, folgt aus der Natur der Sache, schließlich soll ja kein „Strohmann" die Apotheke führen, sondern ein Apotheker muss diese „verantwortlich leiten" (§ 2 Abs. 1 u. 2 ApoBetrO, § 2 Abs. 5 Ziff. 2 ApoG).

Die Genehmigungsbehörden, die in einigen Bundesländern die Vorlage des Fili-alleitervertrages anfordern[1], kommen von Bundesland zu Bundesland auch hier zu

---

[1] Siehe Kapitel I

unterschiedlichen Ergebnissen, weil sie der Begrifflichkeit der „verantwortlichen Leitung" jeweils andere Stundenzahlen zuweisen. Allerdings hat sich dieses Bild im Laufe der Zeit seit Einführung der Filiale bis zum Jahre 2009 bereits gewandelt – das Ende bleibt offen.

Hier zunächst einmal die Einschätzungen der einzelnen Bundesländer[2]:

Tab. V.1: Vorgesehene Wochenarbeitszeit eines Filialleiters in den einzelnen Kammerbezirken

Kammerbezirke	Arbeitszeit bis 2005 (in Stunden pro Woche)	Arbeitszeit 2009 (in Stunden pro Woche)
Bayern	38,5 mit Abweichungen	Zumindest Tarif, 40 Stunden
Baden-Württemberg	26 Stunden sind zulässig, Filialleiter muss Herr des Geschehens bleiben	Anlehnung an § 2 III ApoBetrO auch Leiter darf eine (10 stünd.) Nebentätigkeit ausüben, daher Unterschreitung der tariflichen Wochenarbeitszeit möglich
Berlin	Hauptberuflichkeit wird vorausgesetzt	Hauptberuflichkeit
Brandenburg	Tarifliche Arbeitszeit	Tarifliche Arbeitszeit
Bremen	Mind. 30 Stunden	Mind. 30 Stunden
Hamburg	Tarifliche Arbeitszeit	Hauptberuflich wie AATB
Hessen	Tarifliche Arbeitszeit	Nicht stundenweise oder in Teilzeit
Mecklenburg-Vorpommern	Vollzeit	Vollzeit
Niedersachsen	Tarifliche Arbeitszeit	Tarifliche Arbeitszeit
Nordrhein	Hauptberufliche Tätigkeit, Präsenz von nur 50 % der Öffnungszeit reicht nicht	Tarifliche Vollzeit (Stellungnahme der Bezirksregierung)
Rheinland-Pfalz	Normales Maß Erlaubnisinhaber muss Anwesenheit gewährleisten	Keine Angabe
Saarland	Erkennt dies als problematisch	Vollschichtig
Sachsen	Vollzeitbeschäftigung	Vollzeit, mindestens aber 35 Stunden und Darlegung wie die Kontrolle der PTA möglich ist
Thüringen	Keine Richtlinie bekannt	Keine Richtlinie bekannt
Schleswig-Holstein	Vollzeit aber nicht für die gesamte Öffnungszeit	Vollzeit, aber nicht für die gesamte Öffnungszeit
Westfalen-Lippe	Ist auch unterhalb der Öffnungszeit möglich, wenn Vertretung geregelt ist	Hauptberuflich, d. h. mehr als die Hälfte der tariflichen Wochenarbeitszeit

Aus dieser Tabelle ist ersichtlich, dass selbst die weiteste Auslegung eine Mindestarbeitszeit von mehr als der Hälfte der tariflichen Wochenarbeitszeit[3] voraussetzt.

---

[2] Erhebung von ADEXA – Die Apothekengewerkschaft – aus 2005 und 2009
[3] Stand 2009 ist die halbe tarifliche Wochenarbeitszeit (WAZ) = 20 Stunden

Selbst dann wird weiter gefordert, dass die Filialleitung als Hauptberuf betrieben wird.

Inzwischen hat es auch einen Beschluss der Arbeitsgruppe AATB (Arzneimittel-, Apotheken-, Transfusions-, Betäubungsmittelwesen)[4] gegeben, nachdem auf eine Vorgabe der Stundenzahl verzichtet werden kann. Allerdings muss sichergestellt sein, dass der Filialapothekenleiter eine hauptberufliche Tätigkeit ausübt.

Danach ist es zum Beispiel für einen Rentner, der seine Bezüge vom Rentenversicherungsträger erhält, ausgeschlossen, als Filialleiter zu arbeiten. Ein Student hingegen, der die Zeit aufbringen kann, könnte sehr wohl hauptberuflich tätig sein.

> ▶ **Definition**
>
> Der Hauptberuf ist die Tätigkeit, die zumindest mehr als 50% der Arbeitszeit des Betroffenen in Anspruch nimmt und für die wirtschaftliche und soziale Lebensstellung der Person ausschlaggebend ist.

Das bedeutet, dass das Gehalt aus der Tätigkeit wesentlich für den Lebensunterhalt des Filialleiters sein muss und dass er – tariflich gesehen – eine Beschäftigungszeit von mindestens 21 Stunden pro Woche absolviert[5].

Praxisbeispiele, in denen Mitarbeiter auf eine Filialleitungsstelle für zwölf Stunden angestellt werden sollen oder vom Arbeitgeber ohne eigenes Zutun als verantwortlicher Filialleiter angemeldet werden[6], sind unseriös und sollten bei der Stellenauswahl nicht ernsthaft in Betracht gezogen werden.

Betrachtet man auf der anderen Seite die **Höchstarbeitszeit**, so sind in der Praxis kaum Obergrenzen auszumachen. Die gesetzliche Höchstarbeitszeit beträgt gem. § 3 Arbeitszeitgesetz (ArbZG) 48 Stunden (6 Tage zu je 8 Stunden), wobei die tägliche Arbeitszeit durchaus auch von acht Stunden auf zehn Stunden ausgeweitet werden kann, wenn im Durchschnitt, während 24 Wochen wieder acht Stunden täglich erreicht werden.

Zu beachten ist, dass für Filialleiter in § 1 Ziff. 2 des Bundesrahmentarifvertrags hin-

> » **Beispiel**
>
> Wenn ein Filialleiter zwölf Wochen lang wöchentlich 60 Stunden arbeitet (insgesamt 720 Stunden) und in 24 Wochen nur 48 x 24 Stunden = 1.152 Stunden arbeiten darf, verbleiben ihm für die folgenden zwölf Wochen noch 432 Stunden einsetzbare Arbeitszeiten. Dies sind 36 Stunden in der Woche oder sechs Stunden pro Tag.

---

[4] In der Arbeitsgruppe sind die Ländervertreter der 16 obersten Landesgesundheitsbehörden (in der Regel der Ministerien) vertreten. Die Arbeitsgruppe berät länderübergreifend Fragen zu den in der Bezeichnung benannten Rechtsbereichen. Die Arbeitsgruppe ist der Arbeitsgemeinschaft der obersten Landesgesundheitsbehörden (AOLG) zugeordnet, die ihrerseits an die GMK (Gesundheitsministerkonferenz) berichtet. Die Gruppe tagt zwischen ein- und dreimal jährlich.
[5] Legt man hier die gesetzliche Höchstarbeitszeit (48 Std.) zu Grunde, wären es 24 Wochenstunden
[6] Siehe Kapitel I

sichtlich der Arbeitszeit eine Ausnahme festgeschrieben wurde: § 3 BRTV, der eine 40-Stunden-Woche festlegt, findet „zugunsten einzelvertraglicher Regelungen" keine Anwendung. Das bedeutet für den Filialleiter, dass eine Festschreibung der Arbeitszeit unbedingt erforderlich ist. Eine Vereinbarung wie „der Arbeitsvertrag richtet sich nach Tarif plus 35%" ist nicht ratsam, da gerade für den Filialapotheker keine tarifliche Höchstarbeitszeit festgelegt wurde. Der Vertrag wäre in diesem Punkt unwirksam und müsste „entsprechend dem Parteiwillen" ermittelt werden. Allerdings sind es in diesem Fall wieder Dritte (nämlich Anwälte oder Richter), die eine solche Auslegung vornehmen.

Unwirksam sind im Übrigen auch alle Verträge, die sich – wie eingangs erwähnt – mit der Festschreibung einer bestimmten Stundenzahl zurückhalten und eine unbestimmte Anzahl an Überstunden pauschal in die Vergütung einbeziehen wollen.

Klauseln wie zum Beispiel: „Durch das Arbeitsentgelt ist die Mehrarbeit abgegolten" oder sinngemäße Formulierungen sind unwirksam, da unklar ist, welche Gegenleistung der Arbeitnehmer für die Pauschalvergütung erbringen muss. Wichtiges Indiz für die Unwirksamkeit einer solchen Klausel ist, dass ein genauer Stundenlohn nicht berechnet werden kann. Das Bundesarbeitsgericht[7] und mehrere Landesarbeitsgerichte[8] haben eine entsprechende Klausel mittlerweile für unwirksam erklärt, da sie den Arbeitnehmer unangemessen benachteiligen (§ 307 Abs. 1 S. 2 BGB) und nicht transparent genug sind. Wirksam dürfte eine Überstundenpauschale dann sein, wenn eine zeitliche Begrenzung der abgegoltenen Überstunden erfasst ist, dann kann (und sollte) der Filialleiter seinen Stundenlohn genau berechnen.

> **» Beispiel**
>
> „Überstunden bis zur gesetzlich zulässigen Höchstarbeitszeit sind mit dem Gehalt abgegolten"
> Oder: „Das Gehalt umfasst bis zu zehn Überstunden in der Woche".

Eine Frage, die an dieser Stelle immer wieder auftaucht, ist, ob die „Arbeitszeit" nur die Öffnungszeiten umfasst. Sämtliche Nebenarbeiten wie zum Beispiel:

- Kassenabschluss,
- Datensicherung,
- Monatsabschluss,
- das Beaufsichtigen von Handwerkern, welches in manchen Fällen jeweils bis zu einer Stunde dauern kann, wird häufig als selbstverständlich vorausgesetzt.

---

[7] BAG Urteil vom 18.09.2005 – 5 AZR 52/05
[8] Zum Beispiel LAG Hamm Urteil vom 11.07.2007 – 6 Sa 410/07, LAG Düsseldorf – 9 Sa 1958/07

Hier gilt: Jedwede Tätigkeit, die der Filialleiter für bzw. im Interesse der Apotheke verbringt, ist Arbeitszeit. Die verbindliche Arbeitszeitrichtlinie der EU[9] definiert Arbeitszeit in Art. 2 Nr. 1 folgendermaßen:

Arbeitszeit ist „jede Zeitspanne, während der ein Arbeitnehmer gemäß den einzelstaatlichen Rechtsvorschriften und/oder Gepflogenheiten arbeitet, dem Arbeitgeber zur Verfügung steht und seine Tätigkeit ausübt oder Aufgaben wahrnimmt."

Damit gehören alle Tätigkeiten, die für die Apotheke oder den Inhaber erbracht werden und die nicht in den Privatbereich fallen, zur Arbeitszeit.

Große Unsicherheit besteht bei Filialleitern, ob ihre Tätigkeit und Stellung der Führung eines Arbeitszeitkontos nach § 4 BRTV entgegensteht. Dies ist eindeutig nicht der Fall, wenn die oben erörterten Mindestarbeitszeitgrenzen nicht unterboten werden. Ist der Filialleiter auch bei verringerter Arbeitszeit „Herr des Geschehens", steht der Führung eines Arbeitszeitkontos und damit auch entsprechenden Freistellungsphasen nichts entgegen. Die einzige Besonderheit, die sich für den Filialleiter ergibt ist, dass dieser in den Zeiten der reduzierten Arbeitszeit selbst seine Vertretung einsetzen muss. Findet sich niemand, so kommt eine Reduktion nicht in Betracht oder muss mit dem Inhaber abgesprochen werden. Auch der Verringerung der Arbeitszeit auf null steht dann nichts entgegen, wenn diese Zeit – zusammen mit weiteren Freistellungen – die drei Monatsgrenze gem. § 2 Abs. V ApoBetrO nicht überschreitet.

Das Problem besteht darin, dass der Filialleitung meistens keine eigene Vertretung zur Verfügung steht. Die Vertretung übernimmt in der Praxis häufig bei Bedarf eine Apothekerin aus der Hauptapotheke oder der Inhaber selbst. Wenn der Inhaber die Vertretung nicht übernehmen will oder kann, besteht bei ausreichender Versorgung der Bevölkerung und gegebenenfalls Übernahme des Notdienstes durch eine andere Apotheke die Möglichkeit, bei der Kammer eine Schließung zum Beispiel für einen Samstag zu beantragen.

2 Notdienstbereitschaft

Ein weites Feld für die Vertragsgestaltung im Filialleitungsvertrag bildet die Gestaltung und Übertragung der Notdienstbereitschaft. Rechtlich handelt es sich dabei um Bereitschaftsdienst in der Nacht oder an Sonn- und Feiertagen. Eine Verpflich-

---

[9] Richtlinie 2003/88/EG 4.9.2003

tung des pharmazeutischen Personals zur Nacht- und Feiertagsarbeit per Gesetz gibt es nicht. Jedoch ist der Apothekenleiter aufgrund der behördlichen Auflagen zur Gewährleistung eines gewissen Notdienstturnus verpflichtet. Im tarifgebundenen Arbeitsverhältnis wird die Übertragung eines gewissen Anteiles[10] der Dienste durch § 5 BRTV geregelt. In dieser tariflichen Regelung findet sich nicht nur die generelle Verpflichtung der notdienstberechtigten Mitarbeiter, einen Anteil der Dienste zu übernehmen, sondern auch eine Abweichung von der gesetzlichen Regelung, die für Tarifverträge im Arbeitszeitgesetz (§ 7 ArbZG) zugelassen wurde. Das bedeutet, dass tarifgebundene Arbeitsverhältnisse eine Gesamtarbeitszeit von mehr als zehn Stunden pro Tag festlegen dürfen, wenn ein erheblicher Teil davon Bereitschaftsdienst ist.

In einem Arbeitsverhältnis, das der Tarifbindung nicht unterliegt, kann eine Regelung nur unter Beachtung der gesetzlichen Vorschriften einzelvertraglich geregelt werden. Da eine Arbeitsverpflichtung an Sonn- und Feiertagen nicht besteht, kann der Filialapotheker hier darum verhandeln, zu welchen Konditionen[11] er bereit ist, diese Dienste zu übernehmen. Zwar ist generell auch der Filialleiter für die Gewährleistung des ordnungsgemäßen Notdienstes in seiner Filiale verantwortlich, jedoch wird arbeitsvertraglich häufig vereinbart, dass der Betriebserlaubnisinhaber die Notdienste organisiert und besetzt[12].

Dies gilt im Übrigen auch für ein tarifgebundenes Arbeitsverhältnis, in dem die Filialleitung mehr als die Hälfte der Dienste übernehmen soll. In vielen Vertragsformularen (auch in dem aktuell vom ADA herausgegebenen) finden sich hierzu pauschale Regelungen.

» Beispiel

„Die Filialleitung verpflichtet sich, die Notdienste zu organisieren"
oder: „Die Filialleitung übernimmt mindestens die Hälfte der anfallenden Notdienste selbst, für die Organisation der restlichen Notdienste ist sie zuständig"
oder: „Die Filialleitung übernimmt die Notdienste"

Bei allen Regelungen sind zwei Dinge zu beachten:
1. Verstößt die gefundene Regelung gegen das Arbeitszeitgesetz, ist Vorsicht geboten und zwar sowohl für den Filialleiter als auch für den Inhaber. Die Ämter für

---

[10] § 5 Ziff. 4 BRTV „Nicht mehr als die Hälfte"
[11] Zur Vergütung siehe Kapitel VI
[12] Zur diesbezüglichen Haftung des Filialleiters siehe Kapitel XII

Arbeitsschutz bzw. die Gewerbeaufsichtsämter überwachen die Einhaltung der Arbeitszeiten von Amts wegen, da es sich bei dem Arbeitszeitgesetz um eine öffentlich rechtliche Schutzvorschrift handelt.

2. Verpflichtet sich ein Filialleiter zur Übernahme der Notdienste und muss sofort am nächsten Tag seinen normalen Dienst verrichten, sind hier die Mindestruhezeiten nicht eingehalten. Die Aufsichtsämter können gemäß § 17 Abs. 2 ArbZG gegenüber dem Arbeitgeber die Maßnahmen anordnen, die dieser zur Erfüllung der sich aus dem Arbeitszeitgesetz ergebenden Pflichten zu treffen hat. Dabei geht es in erster Linie nicht um Sanktionen, sondern zunächst um Auflagen der Behörde.

3 Pausenregelungen für Filialleiter

V

„Pausen im Sinne des § 4 Arbeitszeitgesetz (ArbZG) sind im Voraus festgelegte Unterbrechungen der Arbeitszeit, in denen der Arbeitnehmer weder Arbeit zu leisten noch sich dafür bereit zu halten hat, sondern frei darüber entscheiden kann, wie er diese Zeit verbringt"[13].

Die Einhaltung dieser gesetzlichen Vorschriften wird in der Praxis – nicht nur im Filialarbeitsverhältnis – oft verletzt.

Es ist inzwischen weiträumig bekannt, dass Arbeitnehmern spätestens nach der sechsten Arbeitsstunde eine Pause von mindestens einer halben Stunde zusteht. Diese Pause muss der Inhaber lediglich gewähren, aber nicht bezahlen.

Selbstverständlich ist das Arbeitszeitgesetz nicht auf die zu Beginn erwähnten leitenden Angestellten anzuwenden[14]. Dies bedeutet also für einen kleinen Teil der Filialleiter, die unternehmerische Teilfunktionen ausüben, dass sie dieses Schutzrecht nicht für sich in Anspruch nehmen können. Für alle anderen ist die Regelung bindend. Zuwiderhandlungen gegen diese gesetzlich zwingenden Vorschriften stehen unter Strafandrohung bzw. Ordnungsgeld-Androhung (2.500 € – 15.000 €, siehe § 22 Abs. 2 ArbZG).

In kleineren Filialen kann dies zum Problem werden. Ist kein zweiter Approbierter anwesend[15], so kann der Filialleiter zumindest den Aufenthaltsort für seine

---

[13] Definition zurückgehend auf eine Entscheidung des BAG vom 23.9.1992 AZ.: 4 AzR 562/91
[14] Siehe Kapitel IV Arbeitsrechtliche Stellung
[15] Beziehungsweise ein Pharmazieingenieur oder Apothekerassistent

Pause nicht frei wählen. Er muss, um ggf. die PTA beaufsichtigen zu können, irgendwo in der Apotheke anwesend sein, sodass er nach oben angeführter Definition keine reguläre Pause erhält. Will er dies nicht, muss die Apotheke abgeschlossen werden. Dies findet allerdings in der Regel beim Betriebserlaubnisinhaber keinen Zuspruch. Es empfiehlt sich, hierüber eine ausdrückliche Vereinbarung im Arbeitsvertrag zu treffen. Der Filialleiter übernimmt hier eine Mehrverantwortung verglichen mit einem „nur" angestellten Apotheker. Auch ist die Filialleitung neben dem Betriebserlaubnisinhaber hier verantwortlich und haftbar. Wird während seiner Abwesenheit eine Falschabgabe getätigt oder kommt der Amtsapotheker zu Besuch, trifft die zivilrechtlich und berufsständische Haftung[16] zu gleichen Teilen auch den Filialleiter. Allerdings – und auch das zeigt die Praxis – zahlt der Inhaber einen finanziell höheren Preis dafür.

Insgesamt bleibt festzuhalten, dass ein Filialleiter, der auch die Personaleinsatzplanung in seiner Filiale organisiert, dafür verantwortlich ist, dass auch seine eigenen Pausen stattfinden können. Die zum Teil kreativen Aufgaben, die damit verbunden sind, werden von der Filialleitung erwartet. Die angesprochenen Straf- und Bußgeldvorschriften zumindest werden erst dann relevant, wenn der Inhaber dem Filialleiter die Pausen nicht

> **» Beispiel**
>
> **Aus der Beratungspraxis**
> Im Kammerbezirk Bayern wurde ein Filialleiter zur Zahlung von 300 €, der Inhaber hingegen zu 2.000 € an Ordnungsgeldern herangezogen, weil in der Filialapotheke eine PTA ohne Aufsicht eines Apothekers angetroffen wurde. Der Filialleiter hat auf Nachfrage bei der Behörde bereits einen „Sondertarif" erhalten, da mildernde Umstände berücksichtigt wurden. Es wurde hier als mildernder Umstand – allerdings nicht als vollständige Entschuldigung – anerkannt, dass der Filialleiter sonst während der gesamten Öffnungszeiten der Apotheke (von 8 bis 20 Uhr), die Apotheke nicht verlassen konnte, weil ihm vom Inhaber kein Vertreter zugebilligt wurde.

„gewährt". Werden die Dienstpläne allerdings selbst gemacht, kann der Inhaber auch keine Pausen „gewähren". Ist eine eigene Pause wegen einer zu knappen Personaldecke nicht zu organisieren, muss die Filialleitung diesbezüglich Vorschläge machen. Wenn dies nur durch Schließung der Apotheke oder Verpflichtung von weiterem Personal möglich ist, muss dies – mit dem Inhaber abgesprochen – eingeplant werden.

---

[16] Siehe in Kapiteln I, X, XII

4 Urlaubsanspruch und -regelung

Ganz pauschal kann gesagt werden, dass sich die Urlaubsansprüche im Apothekenbereich zwischen 24 [Mindesturlaubsanspruch nach § 7 Bundesurlaubsgesetz (BurlG)] und 36 Tagen (Bundesrahmentarifvertrag 1.1.2005 in Nachwirkung BRTV) bewegen.

Nach oben hin ist bei der Verhandlung um einen Filialleitervertrag nur eine Grenze gesetzt: Nach § 2 Ziff. 5 ApoBetrO darf ein Apothekenleiter sich nicht länger als drei Monate vertreten lassen.

Da auch bei der Filiale vom Leitbild des Apothekers in seiner Apotheke ausgegangen werden muss und den Filialleiter dort eine ähnliche Verantwortung trifft, kann demnach ein Urlaubsanspruch, der länger ist als drei Monate dauert, auch nicht gewährt werden.

Der Mindesturlaubsanspruch eines Filialleiters ergibt sich aus § 7 BUrlG. Danach stehen ihm nicht nur 24 Werktage bzw. vier Wochen Urlaub zu, er hat zusätzlich noch den Anspruch, diesen Urlaub in einem Stück – bzw. aus betrieblichen Gründen höchstens in zwei Teilen – zu nehmen. Dies findet hier nur besondere Erwähnung, weil es in der Praxis Fälle gibt, bei denen Filialleitern – mangels einer adäquaten Vertretung – nur wöchentliche oder noch kleinteiligere Urlaubsperioden zugestanden werden.

Im Regelfall vereinbaren Filialleiter und Inhaber in Anlehnung an den Bundesrahmentarifvertrag 2005 einen Urlaub von 36 Werktagen, also sechs Wochen. Dabei ist es für Filialleiter wichtiger als für andere Angestellte, die Lage des Urlaubs rechtzeitig beim Inhaber zu beantragen und gegebenenfalls Vorschläge für die Vertretung zu unterbreiten.

Wenn der Filialleiter auch die Arbeits- und Urlaubspläne für seine Mitarbeiter erstellt, empfiehlt es sich diese rechtzeitig zu befragen und die Urlaubswünsche zu koordinieren. Auch in der Abwesenheit des Filialleiters ist dieser – zumindest für die vorherige ordnungsgemäße Planung – verantwortlich.

Eine andere Situation entsteht, wenn eine Vertretung plötzlich erkrankt. Hier tauchen oftmals Streitigkeiten darüber auf, wie lange vor einem geplanten Urlaub der Inhaber diesen noch streichen kann, bzw. ob er gar zum Rückruf aus dem Urlaub berechtigt ist.

V

Über den Rückruf aus dem Urlaub gibt es seit der Entscheidung des Bundesarbeitsgerichts aus dem Jahr 2000 für Arbeitnehmer keine Zweifel[17] – niemand muss einen einmal angetretenen Urlaub abbrechen. Oftmals wird hier in der Praxis allerdings von den Inhabern mit psychologischem Druck gearbeitet.

Die Verlegung kann der Inhaber dennoch nicht einseitig anordnen. Nur dann wenn die Apotheke nachweislich vor der Schließung steht und keine andere Möglichkeit mehr in Betracht zu ziehen ist, kann überhaupt über eine Verlegung des Urlaubs diskutiert werden.

Anders wird die Rechtslage für den Filialleiter aber zu beurteilen sein, wenn der Arbeitgeber den Urlaub vor Antritt verhindern will bzw. muss. Dann reichen nämlich „dringende betriebliche Gründe" für ein Streichen des Urlaubs zum gewünschten Zeitpunkt aus. Der Filialleiter wird je nach dem vereinbarten Maß seiner wirtschaftlichen Verantwortung – und Beteiligung am Unternehmen – seinen Urlaub verlegen müssen. Erhebt der Filialleiter gewichtige Gründe, fällt er nicht automatisch in sein „unbeurlaubtes", (aktives) Arbeitsverhältnis zurück – sein Arbeitgeber darf nur erneut mit ihm verhandeln. Kommt keine Einigung zustande, kann der Inhaber nicht autoritär auf der Verlegung beharren. Er muss dann die Zustimmung des Filialleiters mit Hilfe des Arbeitsgerichts erwirken und durchsetzen[18].

Möchte eine Filialleitung drei Wochen Urlaub nehmen und die Vertretungssituation lässt sich nicht regeln, so bleibt nur die Möglichkeit, die Gewährung von Betriebsferien durch die Apothekerkammer prüfen zu lassen und rechtzeitig anzumelden. Dazu ist aber selbstverständlich die Zustimmung des Betriebserlaubnisinhabers erforderlich.

5 Mutterschutz während der Filialleitung

Mit den ersten Filialen ergaben sich auch Fragestellungen bezüglich Status und beruflicher Zukunft der Filialleiterinnen, die während ihres Arbeitsverhältnisses Mütter geworden waren.

---

[17] Urteil des BAG vom 20.6.00 – 9 AZR 405/99
[18] ArbG Ulm vom 24.6.2004 – 1 Ca 118/03

Schnell erhielten diejenigen, die sich für die kürzeste Auszeit von drei Monaten entschieden hatten, von den zuständigen Behörden den Bescheid, eine Weiterführung des Vertrages sei unproblematisch, da auch der Inhaber nach § 2 Ziff. 5 ApoBetrO eine dreimonatige Auszeit nehmen kann.

Wer länger als drei Monate fernbleiben möchte, kann nun von der ebenfalls in der Apothekenbetriebsordnung verankerten Möglichkeit Gebrauch machen, einen Antrag auf Verlängerung dieser Zeit wegen „außergewöhnlicher Umstände" zu stellen.

Alle anderen Rechte aus dem Mutterschutzgesetz stehen selbstverständlich ebenfalls zur Verfügung[19].

V

---

[19] Kostenlose Broschüren „Mutterschutz" und „Elterngeld" vom Bundesministerium für Arbeit und Soziales unter www.bmas.de

VI Vergütung

Die Vergütungssysteme für Filialleiter sind vielfältig. Zwar orientieren sich viele Filialleiterverträge noch an dem Gehaltstarifvertrag und loben lediglich eine über-tarifliche Bezahlung von zehn bis 40% aus, jedoch wird inzwischen von vielen Inhabern registriert, dass eine der wichtigen Motivationen, eine Apotheke nicht nur gut, sondern auch lukrativ zu führen, auch eine Erfolgsbeteiligung des Verantwort-lichen ist. Natürlich ist es dazu wichtig, das Gehalt genau ausrechnen zu können und vor allem die Chancen der Apotheke einzuschätzen. Es ist daher nicht sinnvoll, in einer neu gegründeten Apotheke sofort eine konkrete Gewinnbeteiligung zu vereinbaren. Allerdings kann bereits in den Vertrag aufgenommen werden, dass nach Ablauf eines Geschäftsjahrs ein Bonus oder Beteiligungssystem eingeführt wird. Bei der Vergütung ist ebenfalls an die vielen Sonderleistungen des Filialleiters zu denken. Wie etwa wird es vergütet, wenn der Filialleiter einen Versorgungs-vertrag akquiriert oder sich bei dem ansässigen Hautarzt über dessen Schwer-punkte erkundigt?

1 Übertarifliche Entlohnung

Die Höhe eines vereinbarten Gehalts unterliegt der Vertragsfreiheit. Da es im Apo-thekenbereich jedoch einen Gehaltstarifvertrag gibt, dient dieser als Orientierungs-marke.

Die tariflichen monatlichen Gehälter für Approbierte bewegen sich derzeit[1] zwi-schen **3.027,– € und 3.672,– €** (zzgl. Sonderzahlungen) in Abhängigkeit vom Be-rufsjahr. Natürlich regelt der Tarifvertrag **Mindestgehälter,** die für Mitarbeiter ge-schaffen wurden, die in einer vom Inhaber geführten Apotheke arbeiten. Bei der zu entlohnenden Tätigkeit des Filialleiters geht es jedoch um eigenverantwortliches Leiten, sodass die tariflichen Mindestregelungen nicht einfach übernommen wer-den können.

---

[1] Gehaltstarifvertrag vom 1.1.2010; minimal abweichend ist der Gehaltstarifvertrag von ADEXA mit der TGL Nordrhein. Siehe „Gehaltstabelle BRTV" im Anhang.

Da gerade bei der Eröffnung einer Filiale niemand exakt vorhersagen kann, wie sich diese entwickelt, liegt in vielen Arbeitsverhältnissen zunächst einmal die tarifliche **Mindestvergütung** plus einer

>> **Beispiel**

Zum Vergleich:
Das höchste Tarifgehalt zzgl. 35% = 4.957,20 €
Das höchste Tarifgehalt zzgl. 20% = 4.406,40 €

20–35%igen übertariflichen Zulage zugrunde. Es ist zu beobachten, dass dies in der Praxis häufig für das erste Jahr – bei Neugründungen auch für die ersten beiden Jahre – vereinbart wird.

Wird in einem Vertrag eine tarifliche Entlohnung plus X% einer übertariflichen Zulage vereinbart, so finden sich auch hier viele unterschiedliche Formulierungen, die man beachten sollte. Eine ganz klare Regelung, die meist von beiden Vertragsparteien richtig verstanden wird, lautet: „Für seine Tätigkeit erhält der Filialleiter ein Monatsgehalt gemäß dem jeweils gültigen Tarifvertrag plus einer Filialleiterzulage von 35%."

In diesem Beispiel ist die übertarifliche Zulage klar mit der Filialleitung verbunden. Wird dagegen folgende, ebenfalls in der Praxis gebräuchliche Formulierung gewählt, herrscht Unklarheit darüber, aufgrund welcher Tatsache oder Eigenschaft eine übertarifliche Leistung zu zahlen ist:

„Die Entlohnung beträgt 4.200,– €, dies entspricht der Vergütung nach Tarifvertrag plus einer übertariflichen Zulage von X%. Bei einer Erhöhung des Gehaltstarifvertrags hat der Filialleiter keinen Anspruch auf Anhebung seines Gehalts."

Bei dieser Klausel kommt es zu einer Anrechnung[2] des übertariflichen Bestandteils. Das bedeutet konkret, dass das Gehalt auf der Abrechnung gleich bleibt und der übertarifliche Teil gleichsam soweit verringert wird, wie der Tariflohnbestandteil ansteigt.

Inwieweit eine solche Regelung der gerichtlichen Überprüfung standhält, ist zweifelhaft, da sie nicht gegen die Unklarheitenregel (§ 305c Abs. 2 BGB) oder das Transparenzgebot (§ 307 Abs. 1 S. 2 BGB) verstoßen darf.

Ob ein solcher Passus für eine Filialleiterzulage überhaupt sinnvoll und möglich ist, hängt davon ab, ob Filialleiter und Inhaber die übertarifliche Leistung als selbstständigen Lohnbestandteil vereinbaren wollten. Selbstständige Lohnbestandteile stehen dem Filialleiter in der Regel „anrechnungsfest" – also unabhängig von der

VI

---

[2] Urteil des BAG vom 8.12.1982 in AP TVG § 4 Übertariflicher Lohn und Tariferhöhung Nr. 15

Anhebung des Grundgehalts – zu. Bei einer (gerichtlichen) Vertragsauslegung müsste der Filialleiter nur beweisen, dass er die Zulage für einen bestimmten, nicht vom Tarifgehalt erfassten Sonderzweck erhält. Diese besondere Betätigung liegt bei der Leitung einer Apothekenfiliale auf der Hand.

Es ist empfehlenswert dieses Thema vor Vertragsabschluss detailliert zu besprechen. Leider sind die Formulierungen in den meisten bisherigen Arbeitsverträgen diesbezüglich angreifbar.

2 Gewinnbeteiligungssysteme

Nach einer Anlaufphase werden häufig Leistungsentlohnungen vereinbart. Allerdings sollten sich Arbeitgeber und Bewerber schon vor Vertragsabschluss mit den Möglichkeiten vertraut machen – nur so können Einstellungs- bzw. Vorstellungsgespräche auf gleicher Augenhöhe geführt werden.

Welche Art der Leistungsentlohnung in Betracht kommt, hängt immer von der jeweiligen Apotheke bzw. von den dort mitbeteiligten Unternehmens- und Steuerberatern ab.

Einig ist man sich, dass alle Systeme den Sinn und Zweck erfüllen sollten einen „attraktiven Anreiz" zu bieten, um so den „Kopf" der Apotheke, den Filialleiter, ebenfalls an der Wirtschaftlichkeit zu interessieren.

Gleich ist bei den meisten Vereinbarungen auch, dass es sich selten um monatliche Ausschüttungen handelt, sondern um Gelder, die einmal im Jahr fließen und zunächst auf das laufende Jahr begrenzt sind. Arbeitsvertragstechnisch werden sie meistens als befristete Zulagen für das jeweilige Geschäftsjahr formuliert. Es ist sinnvoll, eine solche Vereinbarung als „Anlage zum Arbeitsvertrag" zu führen, damit man den Grundvertrag nicht jährlich ändern muss.

2.1 Prozentuale Beteiligung am Gesamt-(Netto)umsatz[3]

Die Beteiligung am Nettoumsatz ist eine der einfachsten Lösungen. Allerdings ist dies für den Inhaber ungünstig, da durch die Gesundheitsreformen der letzten Zeit

---

[3] Nettoumsatz = Gesamtumsatz abzüglich der Umsatzsteuer

zwar der Umsatz, jedoch nicht unbedingt in gleichem Maß der Rohgewinn gestiegen ist.

Eine solche Beteiligung kann dann am Jahresende bzw. mit dem Januar- oder Februargehalt als Einmalzahlung ausbezahlt werden.

> **» Beispiel**
>
> Eine Apotheke (die Filialapotheke) hat einen Nettoumsatz von zwei Millionen Euro.
> Wenn ein Filialleiter eine Prämie von 0,5% des Jahresumsatzes vereinbart, kann er mit einer Ausschüttung von 10.000 € rechnen.
> Bei einer Prämie von 0,6% beträgt die Ausschüttung 12.000 €.

2.2 Beteiligung an einem Zielumsatz

Wie für alle folgenden Vereinbarungen gilt hier, dass die Bezugsgrößen erreichbar sein müssen und dass der Filialleiter mit den entsprechenden Kompetenzen ausgestattet ist, um in der Lage zu sein, auf die Apotheke einen entsprechenden Einfluss zu nehmen. Eine Beteiligung an einem Zielumsatz (Rohgewinn vor Steuern[4]) setzt eine konkrete Zielvereinbarung voraus. Eine solche Vereinbarung sollte ebenfalls als Anlage zum Arbeitsvertrag geführt werden.

Konkrete Zielvereinbarungen gehören zwingend zu jeder Art von leistungs- oder bonusorientierten Entlohnungssystemen und werden zwischen Arbeitgeber und Arbeitnehmer (meist) schriftlich geschlossen. In der Regel wird die Entstehung bzw. die Höhe eines Teiles der Vergütung an das Erreichen vorab festgelegter Ziele geknüpft.

Dieses Beispiel ist wenig konkret, da vielfältige Ziele vereinbart werden können. Das einfachste, wenn auch wenig apothekenspezifische Ziel ist die Orientierung am Umsatz bzw. an der Umsatzentwicklung der Apotheke.

> **» Beispiel**
>
> „Der Mitarbeiter erhält zusätzlich zu seinem Grundgehalt einen Bonus in Höhe von X (% oder €), bei Erreichen eines Rohgewinns der Y-Filiale von einer Million €."

Jedoch können nicht nur quantitative Ziele wie Umsatz oder Rohgewinn vereinbart werden. Es ist auch möglich, qualitative Ziele zu fördern. Beispielhaft kann die Kontaktaufnahme und -pflege mit Ärzten, die Durchführung von Aktionen oder die durch regelmäßig durchgeführte Besprechungen geförderte Teambildung der Mitarbeiter honoriert werden. Hierher gehört auch die Einführung von Qualitätsmanagement–Systemen (QMS) oder die Etablierung einer Apotheke zum Beispiel

VI

---

[4] Rohgewinn vor Steuern: Nettoumsatz abzüglich Wareneinsatz

als Seniorenapotheke. Dies kann durch Aktionen wie Vorträge, Sortimentsgestaltung und Präsentation sowie durch Qualifizierung des Personals geschehen. Auch die Erlangung einer bestimmten Anzahl neuer Kundenkarten ist als Kriterium für eine finanzielle Beteiligung üblich. In einigen Apotheken hat der Inhaber spezielle, individuelle Listen für die zu erreichenden Ziele erstellt.

Kennt der Filialleiter die Ziele nicht oder sind sie unerreichbar, kann eine solche Vereinbarung nicht ihren Zweck erfüllen.

2.3 Prozentuale Umsatzsteigerung

Bei der prozentualen Umsatzsteigerung wird nur die Umsatzsteigerung im Vergleich zum Vorjahr ins Visier genommen. Zunächst errechnet man den prozentualen Steigerungssatz des Umsatzes, z. B.: Eine Steigerung von 2,0 Millionen € auf 2,2 Millionen € – entspräche einer zehnprozentigen Steigerung. Soll der Filialleiter in gleichem Maße daran beteiligt werden, wären auf 200.000 € ebenfalls 10% anzusetzen. Eine Ausschüttung von 20.000 € wären die Folge.

Diese Rechnung lässt sich einfach auch durch den Einsatz anderer Zahlen nachvollziehen – eine nur z. B. 5%-ige Beteiligung bei gleichem Umsatz bedeutet eine Ausschüttung von 10.000 €. Auch diese Beteiligung wird in der Regel jährlich ausbezahlt.

Sollte in diesen Fällen eine tarifliche Bezahlung als Basisgehalt vereinbart sein, so ist es nicht verboten, diese Ausschüttung auf die Sonderzahlung anzurechnen (§ 18 Ziff. 5 BRTV).

2.4 Festsetzung von Prämien in Abhängigkeit zur Umsatzsteigerung

Hierbei wird ebenfalls zunächst ein Fixgehalt vereinbart, zum Beispiel 4.300 €. Dieses Gehalt erhält der Filialleiter automatisch solange, bis z. B. eine 3%-ige Umsatzsteigerung überschritten ist. Ist diese Grenze erreicht, so setzt man einen gewissen feststehenden Bonus für eine bestimmte Steigerungsspanne an.

Diese Methode koppelt sich allerdings weit von der tatsächlichen wirtschaftlichen Stärke der Apotheke ab und gibt Gewinne nur pauschal weiter. Immerhin bietet das Modell eine verlässliche Größe für Filialen

> **» Beispiel**
>
> Ein Fixum von
> • 8.000 € bei einer Umsatzsteigerungsspanne von 3–6%
> • 20.000 € bei einer Steigerung über 10%

mit niedrigem Jahresumsatz, da die Parameter individuell gesetzt werden können. Streitigkeiten entstehen, wenn der Inhaber den Filialleiter nicht genau über die Umsatzsituation unterrichtet und entsprechende Unterlagen des Steuerberaters nicht vorlegt. Auch gibt es Schwierigkeiten, wenn die Umsatzsteigerungsspanne nur knapp unter- bzw. überschritten wird.

3 Stolperfallen

In vielen Fällen vereinbaren die Vertragspartner zwar eine Provision, es werden aber keine hinreichend konkreten Ziele definiert, wann die entsprechende Vergütung fällig wird.

» Beispiel

„Der Filialleiter erhält über die Grundvergütung hinaus eine jährliche Bonusleistung von 10.000 € brutto, deren anteilige Auszahlung von der Erreichung persönlicher Arbeitsziele abhängt. Die Arbeitsziele werden vom Arbeitgeber jährlich neu festgelegt und mit dem Arbeitnehmer abgestimmt. Im ersten Anstellungsjahr wird die Bonuszahlung von 8.000 € garantiert. Ab dem zweiten Jahr erfolgt eine anteilige Auszahlung entsprechend dem Erreichungsgrad der persönlichen Arbeitsziele. Dabei beträgt der Mindestbonus 60 % und der maximale Bonus 150 % von 10.000 €."

In diesem Fall wurden keine Zusatzvereinbarungen schriftlich festgehalten. Ob und in welchem Umfang Filialleiter und Inhaber Kriterien, die als Arbeitsziele definiert werden können, besprochen haben, blieb zwischen beiden streitig.

Es stellt sich hier die Frage, welche Bonuszahlung der Filialleiter erhalten soll, wenn im Arbeitsvertrag zwar eine Bonuszahlung und der jährliche Abschluss einer Zielvereinbarung vereinbart wurde, die Zielvereinbarung aber, weil sich die Parteien beispielsweise nicht einigen können, eine solche Vereinbarung schlichtweg vergessen wird oder die Vereinbarung nicht unterzeichnet wird. Dieser erstaunlich häufig in der Praxis vorzufindenden Konstellation fehlen außerdem konkrete Parameter. Es müssen sowohl der Zeitpunkt der Fälligkeit, als auch die prozentuale Höhe der Auszahlung in Entsprechung zum Erreichen der Ziele vereinbart werden.

Unbestritten ist, dass die Fehlerhaftigkeit einer Zielvereinbarung nicht dazu führen kann, dass der Anspruch auf diesen variablen Vergütungsbestandteil entfällt.

VI

Die Vergütungshöhe ist dann zu schätzen[5] bzw. kann als Schadensersatz zugesprochen werden[6].

Es obliegt regelmäßig dem Inhaber als Arbeitgeber die Initiativlast dafür, einen Vorschlag für den Abschluss einer Zielvereinbarung zu unterbreiten.

In dem oben genannten Beispiel konnte der Filialleiter auch ohne Zielvereinbarung wieder einen Bonus von 8.000 € verlangen, da bei einer Schätzung regelmäßig der Vergleich mit den Vorjahren herangezogen wurde.

☞ Merke

Zielvereinbarungen regeln feste Vergütungsbestandteile und dürfen nicht unter den Freiwilligkeitsvorbehalt gestellt werden. Unklare Zielvorgaben gehen zu Lasten des Arbeitgebers.

Es bewährt sich daher, bei Abschluss einer Zielvereinbarung, diese nach dem von vielen Unternehmensberatern verwendeten S-M-A-R-T-Konzept wenigstens in den Eckpunkten zu prüfen.

S-M-A-R-T-Regeln für Zielvereinbarungen

S-pezifisch: Mitarbeiter können die Erwartungen des Inhabers oder des Vorgesetzten nur dann erfüllen, wenn sie diese genau kennen. Statt „Wir müssen 2009 drastisch Kosten sparen" lautet zum Beispiel eine bessere Formulierung: „Bis zum 31.06.2011 wollen wir die Retaxationen um 30 % gesenkt haben, bis zum 31.12.2011 um 50 %."

M-essbar: Filialleiter müssen erfahren, ob und wann das Ziel tatsächlich erreicht worden ist. Dazu sollten unbedingt vorher Messkriterien festgelegt werden, mit denen geprüft werden kann, ob und wann in welchem Ausmaß das vereinbarte Ziel erreicht worden ist.

A-ttraktiv: Ferner ist es wichtig, dass der Mitarbeiter genau weiß, warum das Ziel so wichtig ist und was er persönlich davon hat. Außerdem muss der Aufwand dazu in einem angemessenen Verhältnis stehen.

R-ealisierbar: Das Ziel soll nicht so schwierig sein, dass es nicht erreicht werden kann. Wenn der Mitarbeiter nicht daran glaubt, ein Ziel erreichen zu können, wird

---

[5] Nach Ansicht des Landesarbeitsgerichts Berlin Urteil vom 13.12.2006 – Az 15 Sa 1135/06, nach § 287 ZPO
[6] BAG Urteil vom 12.12.2007, 10 AZR 97/07

er es gar nicht erst versuchen. Die Mitarbeiter sollen also in der Lage sein, das Ziel mit ihren Fähigkeiten, Kenntnissen und ihrem Informationsstand zu erreichen.

T-erminiert: Wichtig ist es, einen Endtermin bzw. einen Zeitpunkt für die Erreichung des Ziels festzulegen. Denn nur so wird der Erfolg tatsächlich mess- und überprüfbar.

VI

VII Personalverantwortung

Wie schon in den vorhergehenden Kapiteln dargelegt wurde, ist das Maß der Personalverantwortung des Filialleiters durch den Arbeitsvertrag begrenzbar[1]. Selbst wenn der Filialleiter nicht selbstständig kündigen und einstellen darf, sind die dennoch wahrzunehmenden Aufgaben solche, die üblicherweise nicht von „nur" angestellten Approbierten wahrgenommen werden. Es geht um das eigene „standing" des Filialleiters, den Einsatz der Mitarbeiter und deren Teambildung. Auch die dem Filialleiter vom Inhaber überlassenen Personalangelegenheiten stellen höhere Anforderungen, die zu lösen vom Filialleiter geplant sein wollen.

1 Teambildung

Kommt ein Filialleiter in eine völlig neue Apotheke oder bleibt er mit den vormaligen Kollegen zusammen obliegt ihm in beiden Fällen, zuerst seine neue Rolle zu erfüllen und zu vermitteln.

Dies kann er natürlich nur insoweit tun, als ihm auch Kompetenzen vom Inhaber eingeräumt worden sind. Da der Filialleiter die Verantwortung übernimmt und die Apotheke gute Ergebnisse erzielen soll, bedarf es des Respekts und der Achtung der Mitarbeiter. Es ist für den Inhaber empfehlenswert den Filialleiter auch entsprechend im Kollegenkreis einzuführen. Es reicht zu diesem Zweck oft nicht aus, wenn der Apothekenleiter nur im Arbeitsvertrag niederlegt, dass der Filialleiter die organisatorische Weisungsberechtigung in der Filiale hat. Dies muss auch – gegebenen-

> **» Beispiel**
>
> **Aus der Beratungspraxis**
> Ein Approbierter wurde als Filialleiter neu in einer vormaligen Hauptapotheke angestellt. Er musste dort von Anfang an ohne Einführungszeit die Apotheke leiten. Lediglich sein Arbeitsvertrag wies ihn als Filialleiter aus. Da in der Apotheke nur seit langem beschäftigte Mitarbeiter tätig waren, rief die PTA auch nach einem Jahr noch den Inhaber an, wenn sie etwa Schwierigkeiten bei der Abgabe hatte oder nachfragen wollte, ob die Schaufensterdekoration zu ändern sei. Der Filialleiter wurde dem nicht Herr. Nach einem Jahr kündigte er das Arbeitsverhältnis, da er noch immer keinen Einblick in den Ablauf der Apotheke erhalten hatte.

---

[1] Siehe Kapitel IV, 1 u. 2

falls in einem zu Anfang geführten Mitarbeitergespräch bzw. einer Teambesprechung – offen kommuniziert werden.

Unabhängig davon, dass nicht jeder Inhaber die zeitliche Möglichkeit hat, auch kleinste organisatorische Fragen der Filialapotheke zu entscheiden, wurde der Filialleiter hier quasi ins kalte Wasser geworfen. In solchen Fällen kann er seiner Verantwortung nicht gerecht werden.

Die Weisungsbefugnisse gegenüber den in der Filiale tätigen Kollegen sollte sich mindestens erstrecken auf:

– Die Erstellung von Dienstplänen sowie Erarbeitung und den Bericht über den aktuellen Personalbedarf
– Die Koordination von Urlaubsplänen oder Teambesprechungen (mit oder ohne Anwesenheit des Inhabers)
– Die Verpflichtung kurzfristiger Aushilfen (gegebenenfalls nach Absprache), das Vetorecht bei der Einstellung neuer Mitarbeiter
– Das Initiativrecht bzw. die Abmahnungsbefugnis bei der Kündigung von Mitarbeitern
– Das pharmazeutisches Weisungsrecht[2].

VII

1.1 Erstellung von Arbeitsplänen

Der Erstellung von Dienstplänen für die Filialapotheke kommt eine Schlüsselfunktion zu, da der Filialleiter nicht nur die **Interessen und Anliegen** der Mitarbeiter berücksichtigen muss, sondern auch in der Lage sein muss, die **ordnungsgemäße Besetzung** der Apotheke zu kontrollieren und seinen **eigenen Einsatz** sinnvoll zu planen.

Reißbrettentscheidungen sollten bei der Personaleinsatzplanung vermieden werden, da dadurch die Kooperationsbreitschaft der Mitarbeiter abnehmen kann. Soll gleich zu Beginn ein funktionierendes Team aufgestellt werden, ist es sinnvoll, die Kollegen zunächst einzeln, gegebenenfalls später im Team zu fragen, ob sie zu bestimmten Zeiten familiäre oder andere Verpflichtungen zu erfüllen haben. Diese sind gerade bei Teilzeitmitarbeiterinnen besonders zu berücksichtigen.

---

[2] Siehe Kapitel VII, 2

Hat allerdings eine Kollegin kleine Kinder, so sollte auf deren familiäre Lage Rücksicht genommen werden[3], wenn dies möglich ist. Ebenso empfiehlt es sich für den Filialleiter einen Blick in die Arbeitsverträge der Kolleginnen und Kollegen zu werfen. Sind dort bereits besondere feste Arbeitstage und Stunden festgelegt worden, sind diese zum Inhalt des Vertrags geworden. Es besteht in diesen Fällen kein Weisungsrecht für den Filialleiter. Eine solche vertragliche Vereinbarung lässt sich nur mittels einer Änderungskündigung – unter Einhaltung der Kündigungsfrist – verändern. Für diese ist im Zweifel dann wieder der Inhaber zuständig.

Grundvoraussetzung für die Erstellung von Dienstplänen ist es natürlich, dass die von den Kollegen zur Verfügung stehenden Stunden geeignet sind, die Öffnungszeiten der Apotheke abzudecken.

Wenn ein so deutliches Missverhältnis zwischen der Personaldecke und der Kundenfrequenz herrscht, muss der Filialleiter mit dem Inhaber die Verpflichtung von weiterem Personal besprechen. Es gibt leider keine gesetzlichen oder verordnenden Vorgaben darüber, bei welcher Kundenfrequenz die Apotheke mit wie viel Personal auszustatten ist. Nach der Apothekenbetriebsordnung muss eine Apotheke zumindest „ordnungsgemäß" besetzt sein.

Hier ist der Filialleiter näher am Geschehen und muss etwaige Missstände sofort weitergeben. Er ist verpflichtet, selbst einzuschätzen, wann eine „ordnungsgemäße" Besetzung vorliegt.

1.2 Personaleinsatzplanung

Auch die Koordination von Urlaubsplänen bedarf mehr Organisationstalent als allgemein angenommen. Der Filialleiter sollte nicht nur darauf achten, dass die Kolle-

---

[3] LAG Nürnberg vom 08.03.1999 – 6 Sa 259/97

gen ihren Urlaub im entsprechenden Urlaubsjahr nehmen, er muss auch Streitentscheidungen treffen. Dabei geht es um die Frage, wann die Urlaubszeiten verbindlich festgelegt werden sollen und wer welche Zeiträume in den Sommerferien nehmen kann. Es ist zunächst zu empfehlen, den Eindruck der Willkür bei den Mitarbeitern zu vermeiden und einen Termin für die Urlaubsplanung vorzugeben, bis zu dem alle Wünsche anzumelden sind. Wenn der Filialleiter den Termin ein bis zwei Wochen vorher ankündigt, hat jeder Kollege bis dahin Zeit, sich mit der Familie oder den Freunden in Verbindung zu setzen. Während einer nachfolgenden Teambesprechung sollte noch nicht das letzte Wort gesprochen werden. Zunächst erstellt der Filialleiter einen vorläufigen Plan, dann gibt es eine kurze Bedenkzeit und anschließend muss eine für alle einsichtige Einteilung ausgehängt werden.

Der Urlaubstausch unter Kollegen sollte nur nach vorheriger Rücksprache zugelassen werden.

❯❯ Beispiel

Einem neu eingestellten Filialleiter in einer größeren Filiale (eine weitere angestellte Teilzeitapprobierte, vier Teilzeit–PTA und drei PKA) wird von Seiten der Mitarbeiter signalisiert, dass es bisher immer so gewesen sei, dass der Chef die Einsatzpläne und auch die Urlaubspläne gemacht habe. Einen Urlaubs- oder Diensttausch hätten die Mitarbeiter jedoch selbstständig organisieren und eintragen dürfen. Es kommt in der Folgezeit dazu, dass PTA B mit der PKA C, in der Woche den Urlaub tauscht, als PTA B am Mittwoch nachmittags und Samstag früh allein mit dem Filialleiter arbeiten sollte.

VII

Dieses Beispiel verdeutlicht, dass der Filialleiter vorher klarstellen sollte, dass ein Tausch nur innerhalb einer Berufsgruppe möglich ist.

Auch rechnerisch muss der Filialleiter die Urlaubsansprüche bestimmen können und die wichtigsten Urlaubsgrundsätze kennen. Der Urlaubsanspruch von Teilzeit- und Vollzeitbeschäftigten Mitarbeitern unterscheidet sich nicht. Allerdings wird dieser anders berechnet.

❯❯ Beispiel

Eine Vollzeitapprobierte und eine teilzeitbeschäftigte PTA sind neu in einer Filialapotheke. Beide haben einen Urlaubsanspruch von 33 Werktagen. Die Approbierte arbeitet von Montag bis Freitag und jeden zweiten Samstag. Die PTA arbeitet Montag, Mittwoch und Freitag und jeden Samstag.

Der Urlaub kann einfach berechnet werden: Da beide Mitarbeiterinnen nicht an allen sechs Tagen in der Woche arbeiten, sich der Gesamturlaubsanspruch von

33 Tagen aber auf Werktage bezieht, muss er umgerechnet werden. Das geschieht, in dem man 33 durch 6 (Tage pro Woche) teilt und das Ergebnis mit den tatsächlichen Arbeitstagen multipliziert.

Arbeitet ein Mitarbeiter jeden zweiten Samstag, ist der Multiplikator für diesen Tag 0,5 (bei jedem dritten Samstag 0,25).

Nach diesem Schema arbeitet die Approbierte an 5,5 Tagen in der Woche, die PTA an 4 Tagen.

Die Umrechnung lautet dann wie folgt: $33 : 6 \times 5,5 = 30,25$ (Approbierte)

$$33 : 6 \times 4 = 22 \text{ (PTA)}$$

Bei einer solchen Berechnung erhält man den Urlaubsanspruch in Arbeitstagen. Das bedeutet, dass der Mitarbeiter nur an den Tagen Urlaub abrechnen muss, an denen er ansonsten gearbeitet hätte.

1.3 Anordnung von Überstunden

Im Rahmen seiner übertragenen Weisungsbefugnis hat der Filialleiter, innerhalb der Grenzen des vertraglich und gesetzlich Erlaubten, die Möglichkeit, Überstunden anzuordnen.

Grundsätzlich müssen aber Mitarbeiter nur über die vertraglich vereinbarten Stunden hinaus arbeiten, wenn es eine Rechtsgrundlage dafür gibt. Eine solche Rechtsgrundlage kann sich aus dem Arbeitsvertrag, dem Tarifvertrag (§ 7 Ziff. 1 BRTV) oder einer Betriebsvereinbarung ergeben. Folgt daraus keine Verpflichtung zur Leistung von Überstunden, kann in dringenden und unaufschiebbaren Notfällen ein Arbeitnehmer Überstunden zu leisten haben, soweit keine anderen Arbeitskräfte zur Verfügung stehen. Dies beruht auf dem Prinzip der vertraglichen Treuepflicht des Arbeitnehmers.

Dies ist zum Beispiel der Fall, wenn ein anderer Mitarbeiter plötzlich erkrankt oder noch schnell eine Lieferung fertig gemacht werden muss. Der Filialleiter kann dann für den Mitarbeiter ein Überstundenkonto führen, muss aber ebenfalls dafür sorgen, dass die zusätzlich geleistete Arbeitszeit zügig wieder abgebaut werden kann.

1.4 Abmahnung, Kündigung, Einstellung

Wie bereits erwähnt, werden die Personalkernkompetenzen dem Filialleiter in der Regel nicht überlassen. Übliche Formulierungen im Arbeitsvertrag sind:

„Er hat die Filialapotheke in eigener Verantwortung zu leiten unter Berücksichtigung der ihm vom Inhaber erteilten Vorgaben. Diesem sind vorbehalten: Personalentscheidungen, zentraler Wareneinkauf und Festsetzung der Verkaufspreise, soweit diese nicht gesetzlich festgelegt sind."

Damit sind auf jeden Fall die Kündigung und der Abschluss von Arbeitsverträgen als klassische Personalentscheidungen ausgeschlossen. Die Frage, ob andere personelle Maßnahmen vom Filialleiter getroffen werden können, ist damit allerdings nicht geklärt. Beispiele aus der Praxis zeigen, wie häufig Kritikgespräche und eine anschließende Abmahnung Hand in Hand gehen.

> **» Beispiel**
>
> - Eine PTA legt ein abgelaufenes Medikament trotz der Anweisung es in den Müllsack zu entsorgen unbedacht zurück in die Sichtwahl, wo es ein Kunde kauft.
> - Eine PTA verwechselt beim Abfüllen Zitronensäure und Salizylsäure. Der Filialleiter zieht das Gebinde kurz vor Abgabe aus dem Verkehr.
> - Eine PKA vergisst trotz ausdrücklicher Anweisung die gerade angelieferte Kühlware, die dann über Nacht verdirbt.

VII

Dies sind nur einige Beispiele, deren haftungsrechtliche Auswirkungen noch einmal im Kapitel XII angesprochen werden. In diesem Zusammenhang soll darauf aufmerksam gemacht werden, dass durch ordnungsgemäße Anweisung und Kontrolle vordringlich ein Schaden vermieden werden sollte. Sollten eindeutige Weisungen des Filialleiters nicht beachtet werden, ist es zwischen vielen Inhabern und Filialleitern abgesprochen, dass der Filialleiter zumindest eine mündliche Abmah-

> **▷ Definition**
>
> Eine Abmahnung liegt dann vor, wenn eine Arbeitsvertragspartei die andere deutlich für sie erkennbar ermahnt, ein genau bezeichnetes Fehlverhalten aufzugeben. Die Abmahnung ist in § 314 Abs. 2 BGB generell für Dauerschuldverhältnisse – wie zum Beispiel das Arbeitsverhältnis – geregelt. Mit einer Abmahnung wird konkretes Fehlverhalten gerügt und mit einer zusätzlichen Kündigungsandrohung vor weiteren Verstößen gewarnt. Ein Arbeitsverhältnis kann aus verhaltensbedingten Gründen von wenigen Ausnahmen abgesehen nur dann gekündigt werden, wenn zuvor eine Abmahnung erfolgt ist.

nung aussprechen darf und diese entsprechend als Notiz für den Inhaber aufbereitet und ihm diese zur Kenntnis bringt. Erst im Wiederholungsfall wird eine schriftliche Abmahnung verfasst, die dann allerdings von beiden, dem Filialleiter als direktem Vorgesetzen und dem Inhaber, der üblicherweise den Arbeitsvertrag unterschrieben hat, unterzeichnet werden sollte.

In einigen Fällen überlässt der Inhaber die Abmahnungskompetenz wegen der Sachnähe allein dem Filialleiter. Dabei gilt: Die Abmahnung ist, als „Vorbereiter" einer Kündigung schon ein gewichtiges arbeitsrechtliches Instrument[4].

Wenn dem Filialleiter vom Inhaber dieser Aspekt der Personalverantwortung übertragen wurde, sollte der Filialleiter ein abmahnungswürdiges Verhalten eines Mitarbeiters nach folgenden Aspekten überprüfen:

– Erfüllt die Abmahnung eine Warnfunktion, weiß der Mitarbeiter, welche Sanktionen ihm drohen?

– Kann der Angestellte der Abmahnung zweifelsfrei entnehmen, was ihm vorgeworfen wird?

– Weiß er nach dem Gespräch, wie er sein Verhalten in Zukunft einzurichten hat?

Es ist daher empfehlenswert, den konkreten Vorfall möglichst mit Datum und Uhrzeit sowie gegebenenfalls Zeugen zu notieren.

Da auch eine mündliche Abmahnung rechtsgültig ist und der Filialleiter gegebenenfalls später dafür verantwortlich gemacht wird, wenn er eklatante Fehlleistungen nicht verhindert, ist hier Sorgfalt geboten. Mahnt er nur mündlich ab, muss er dies sorgfältig dokumentieren.

Auch wenn im Vertrag mit dem Filialleiter die Abmahnungskompetenz fehlt, ist er aufgrund seiner Sachnähe verpflichtet, dem Inhaber von Vorfällen im Personalbereich zu berichten.

2 Pharmazeutische Personalaufsicht

Der Kernbereich im Zusammenhang mit der Personalkompetenz des Filialleiters ist die pharmazeutische Beaufsichtigung der Mitarbeiter. Für den Filialleiter ergibt sich schon aus § 3 Abs. 5 S. 3 ApoBetrO ein Anspruch gegen den Inhaber zumindest so umfassende Befugnisse zu erhalten, wie sie zur Ausübung der Aufsicht er-

---

[4] Siehe auch Kap XI zur Abmahnung des Filialleiters

forderlich sind. Der Inhaber muss dem Filialleiter daher spätestens hier die Stellung eines Vorgesetzten einräumen und ihm das entsprechende Direktionsrecht übertragen. Das bedeutet, dass der Filialleiter in seiner Filiale entscheiden muss, wer eine Abzeichnungsbefugnis erhält und wer nicht.

> **» Beispiel**
>
> Ein Filialleiter erhält einen Vertrag in einer bereits etablierten Filiale, die vor 2004 Hauptapotheke war. Die Mitarbeiterinnen sind dort alle seit über 20 Jahren beschäftigt. Die erste Kraft ist eine PTA, die unter vielen anderen Kompetenzen auch eine Abzeichnungsbefugnis erhalten hat. Bei einigen Stichproben stellt der Filialleiter fest, dass ihr allerdings mehrere Fehler unterlaufen.

Der Apothekenleiter kann wie auch der Filialleiter einem pharmazeutisch-technischen Assistenten die Befugnis zum Abzeichnen von Rezepten übertragen. Die Verpflichtung zur Beaufsichtigung des pharmazeutisch-technischen Assistenten bleibt hiervon allerdings unberührt, das heißt er muss seine Aufsicht auch weiterhin ausüben.

Der Filialleiter in dem Fallbeispiel hat dies auch getan. Nun wollte er die Abzeichnungsbefugnis widerrufen. Wenn in solchen Fällen in den Unterlagen der Filiale keine schriftlich fixierte Abzeichnungsbefugnis zu finden ist, empfiehlt es sich, sofort mit dem Inhaber Rücksprache zu halten. Wenn eine schriftliche Abzeichnungsbefugnis erteilt wurde, ist sie ebenfalls auf schriftlichem Wege zu widerrufen. Aus der Verpflichtung, das pharmazeutische Direktionsrecht auf den Filialleiter zu übertragen, folgt hier, dass dieser auch die Entscheidung treffen darf, ob und wem er eine Abzeichnungsbefugnis erteilt. In solchen Fällen kann der Inhaber verpflichtet werden, diese Befugnis gegenüber der PTA zu widerrufen. Eine Abzeichnungsbefugnis sollte vom Filialleiter nur dann erteilt werden, wenn er selbst die Verantwortung dafür übernehmen kann. Auf jeden Fall sollte diese schriftlich erteilt werden. In diesem Fall muss der Filialleiter unterzeichnen.

3 Vertretung

Ein Filialleiter kann – je nach Öffnungszeiten der Filiale – nicht dauernd anwesend sein. Daher sollte bereits bei Abschluss eines Arbeitsvertrags geklärt werden, wer ihn nach Ableistung seiner wöchentlichen Stundenzahl, in seinem Urlaub oder bei Krankheit vertritt.

Eine Vertretung muss gem. § 2 Abs. 5 ApoBetrO durch einen Apotheker erfolgen und darf in der Regel nicht länger als drei Monate im Jahr dauern. Ausnahmsweise kann er sich, dann aber nur für insgesamt vier Wochen im Jahr, auch von einem Pharmazieingenieur oder einem Apothekerassistenten vertreten lassen (§ 2 Abs. 6 ApoBetrO).

Ist die Filiale größer, so ist im Personalstamm oft ein zumindest teilzeitbeschäftigter Apotheker vorhanden. Wird der Filialleiter auf diesen verwiesen, so empfiehlt es sich, Einblick in dessen Arbeitsvertrag zu nehmen. Ist dort nicht geregelt, dass dieser auch die Urlaubsvertretungszeiten zu übernehmen hat, ist es zumindest arbeitsvertraglich schwierig, ihn dazu zu verpflichten.

In einigen Fällen übernimmt der Inhaber die Urlaubsvertretungen des Filialleiters und lässt sich entsprechend in seiner Hauptapotheke vertreten. Dies darf jedoch nicht durch einen Pharmazieingenieur oder einen Apothekerassistenten geschehen (§ 2 Abs. 6 S. 4 ApobBetrO).

Es ist nicht zulässig, dass eine PTA den Filialleiter vertritt, auch nicht für zwei Stunden in der Mittagspause, wenn nicht ein Approbierter, ein Pharmazieingenieur oder Apothekerassistent anwesend und jederzeit ansprechbar ist.

Ebenfalls darf die PTA morgens nicht die Apotheke aufschließen, wenn kein approbierter Mitarbeiter anwesend ist. Eine Befragung der Landesapothekerkammern und der Bundesapothekerkammer im Jahr 2009 hat ergeben, dass mehrheitlich die Auffassung vertreten wird, eine PTA allein dürfe die Apothekenräume nicht für den Publikumsverkehr öffnen.

» Beispiel

Eine PTA hat um Rechtsauskunft gebeten, da sie jeden Tag die Apothekenräume öffnen musste, ohne dass der Filialleiter anwesend war. Zwar war der Filialleiter ebenfalls morgens um 8 Uhr zum Dienst eingetragen, jedoch verspätete er sich regelmäßig um 15 Minuten bis zwei Stunden. Die PTA wollte wissen, ob sie die Apotheke überhaupt aufschließen dürfe, wenn kein Approbierter anwesend sei.

Die Bundesapothekerkammer nahm dazu wie folgt Stellung:

„Nicht der Vorgang des Öffnens als solcher ist relevant, vielmehr kann allein die Öffnung der Apotheke für den Publikumsverkehr Gegenstand der rechtlichen Überlegung sein. So ist es apothekenrechtlich unbedenklich, wenn die PTA die Apotheke öffnet, die Betriebsräume betritt und die Tür sofort wieder verschließt, wenn ein Vertretungsberechtigter nicht anwesend ist."

Damit ist ganz klar gesagt, dass Publikum die Apotheke nicht betreten und die PTA also nicht einmal Zahnpasta verkaufen darf.

4 Zeugniserteilung

Hat ein Mitarbeiter ausschließlich in der Filialapotheke gearbeitet, wird üblicherweise vom Filialleiter erwartet, dass er den Mitarbeiter beurteilt und ein Zeugnis vorbereitet bzw. dieses selbst schreibt. Zur Unterzeichnung ist allerdings der Inhaber ebenfalls verpflichtet, wenn er den Arbeitsvertrag unterschrieben hat.

Wird dies erwartet, muss sich der Filialleiter mit den acht Hauptkriterien befassen, die in einem qualifizierten Zeugnis erwähnt werden müssen:

– Das Datum des Zeugnisses muss sich immer mit dem Datum des Ausscheidens decken. Bei einem Zwischenzeugnis kann das Ausstellungsdatum eingetragen werden.

– Das Zeugnis muss eine Überschrift („Zeugnis" oder „Zwischenzeugnis") tragen.

– Am Beginn des Textes wird die zu beurteilende Person genau vorgestellt: Name, Geburtsdatum, in welcher Funktion und seit wann der Mitarbeiter in der Apotheke tätig war. Wenn sich kein Briefkopf oder Firmenstempel auf dem Zeugnis befindet, sollte hier außer dem Namen noch die Anschrift der Apotheke aufgeführt werden.

– Eine ausführliche Beschreibung des Tätigkeitsbereichs folgt danach. Es ist darauf zu achten, dass sämtliche Tätigkeitsbereiche aufgelistet sind (Schaufensterdekoration, Ausbildung der Praktikanten, Verantwortung für das Warenlager etc.).

– Abschließend, nach dem Erfassen des vollständigen Tätigkeitsbereichs, folgt eine Bewertung: Wenn der Mitarbeiter immer beanstandungsfrei gearbeitet hat, ist die Note „gut" zu erteilen. Für eine gute Benotung verwendet man üblicherweise die Floskel: „… hat alle ihm übertragenen Aufgaben stets zu meiner vollen Zufriedenheit erledigt". Man kann an dieser Stelle auch noch auf Besonderheiten wie „jederzeit verfügbares Fachwissen, ausgezeichnete Ideen, wertvolle Anregungen, besondere Sorgfalt, Zuverlässigkeit" etc. eingehen.

– Auch die Teilnahme an Fort- und Weiterbildungen ist im Zeugnis zu erwähnen.

– Das Verhältnis zu Kollegen, Kunden und dem Vorgesetzten ist zu beschreiben. Für eine gute Benotung verwendet man üblicherweise die Floskel: „… sein Verhältnis gegenüber mir (bzw. mit dem Filialleiter, je nachdem wer unterzeichnet)

VII

und den Kollegen war stets einwandfrei, wegen seiner Aufgeschlossenheit und seines Entgegenkommens war er stets beliebt und geachtet ..." Bei der Kundenberatung ist ein guter Mitarbeiter „engagiert, hilfsbereit und zuvorkommend".

– Das Zeugnis endet normalerweise mit einer Abschlussfloskel. Für eine gute Benotung verwendet man üblicherweise die Floskel: „...verlässt unsere Apotheke zum ... Wir bedauern sein Ausscheiden, bedanken uns für die stets gute Zusammenarbeit und wünschen ihm für die (berufliche und private) Zukunft alles Gute."

Siehe hierzu auch „Merkblatt Informationen zum Arbeitszeugnis" im Anhang.

VIII Wirtschaftliche Verantwortung

Eine wirtschaftliche Verantwortung in Bezug auf die Apotheke hat der Filialleiter
nur durch die in seinen Arbeitsvertrag übernommenen Vereinbarungen. Ob der
Filialapotheker reiner „Statthalter" ist, der Marketingkonzepte von der Haupt-
apotheke übernimmt oder aber eigene Ideen, wie Kundenschulungen, Beratungs-
tätigkeiten für Seniorenheime, gute Kontakte zu ansässigen Ärzten einbringt,
hängt letztendlich von den Vorgaben des Inhabers ab. Führt dieser die Filial-
apotheke auch zentral, schwindet der Einfluss des Filialleiters gerade in Hinblick
auf eine wirtschaftliche Mitarbeit.
Aber auch im täglichen, operativen Geschäft können trotz dieser Vorgaben erheb-
liche Spielräume entstehen. Nach Außen ist der Filialleiter zumeist auch zivilrecht-
lich Vertreter des Inhabers, da er seine Geschäfte besorgt, Aufträge erteilt, Kauf-
verträge abschließt.

1 Wahrung der wirtschaftlichen Interessen als vertragliche Nebenpflicht

Die Verpflichtung, die Geschäfte wirtschaftlich ordnungsgemäß zu führen, lässt sich aus der – nicht ausdrücklich gesetzlich erwähnten – arbeitsvertraglichen Treuepflicht bzw. der allgemeinen Pflicht zur Rücksichtnahme auf Belange des Arbeitgebers (gemäß § 242 BGB in Verbindung mit dem Arbeitsvertrag) eines Angestellten herleiten.

VIII

> ▷ **Definition**
>
> „Die Treuepflicht ist die Pflicht, die Interessen des Arbeitgebers, soweit sie im Zusammenhang mit dem konkreten Arbeitsverhältnis stehen, wahrzunehmen und alles zu unterlassen, was diesen Interessen zuwiderläuft."

Aus dieser Verpflichtung lässt sich für den Filialleiter herleiten, dass er zumindest alle Informationen, über die er verfügt, sei es die Eröffnung einer Apotheke in derselben Straße, die Schließung oder Eröffnung einer Arztpraxis etc., zeitnah dem Inhaber mitteilt, damit dieser darauf reagieren kann.

Auch wird ein Filialleiter, dessen Kasse nicht jeden Tag geprüft wird, mitteilen müssen, wenn der Umsatz drastisch einbricht oder wenn Gelder aus der Kasse verschwunden sind.

Sicherlich ist hier auch die Verantwortung zu sehen, mit dem Eigentum des Arbeitgebers sorgfältig umzugehen. So muss der Filialleiter etwa prüfen, ob die PKA die Ware in die Kühlung gegeben hat.

Die Verantwortung für das Warenlager ist oftmals begrenzt. In den meisten Fällen werden Waren zentral per Sammeleinkauf beschafft. Dies betrifft aber oftmals nur einen Teil des Warenlagers. Jede Apotheke hat Besonderheiten, die nicht durch den zentralen Einkauf gelöst werden können. So muss der Filialleiter dafür sorgen, dass mehrfach nachgefragte Artikel an Lager genommen werden und Ladenhüter wieder herausgenommen werden. Ebenso müssen die monatlichen Inventurwerte geprüft werden.

Die Verantwortlichkeit des Filialleiters, Fehlbestände zu melden, wird bereits oft schon von einem Computersystem, welches direkt mit der Hauptapotheke verbunden ist, wahrgenommen.

Selbstverständlich muss der Filialleiter, sobald dieses System Fehler anzeigt bzw. sobald er feststellt, dass es zu fehlerhaften Meldung des Systems kommt, entsprechende Maßnahmen ergreifen. Kann sich der Filialleiter nicht mit dem Inhaber abstimmen, oder befindet sich dieser im Urlaub, so ist der Filialleiter verpflichtet, entsprechende Reparaturmaßnahmen durchführen zu lassen. Selbst wenn der Inhaber später behauptet, dies sei nicht notwendig gewesen oder die Reparatur sei zu teuer, muss der Filialleiter finanziell dafür nicht einstehen. Schließlich hat er im (wohlverstandenen) Auftrag des Inhabers gehandelt. Das hier anzuwendende Rechtsinstitut der Geschäftsführung ohne Auftrag (§ 677 BGB) bewirkt, dass der so handelnde Filialleiter wirtschaftlich nicht zur Verantwortung gezogen werden kann. Auch für eine Insolvenz der Apotheke, kann der Filialleiter, der keine „Betreiberverantwortung" hat, nicht mitverantwortlich gemacht werden.

2 Vollmachten

Üblicherweise regeln Filialleiter und Inhaber bei Beginn des Vertragsverhältnisses, ob der Filialleiter gesonderte Vollmachten erhält. Dies ist ein sehr wichtiger Punkt, der in den Arbeitsvertrag aufgenommen werden muss!

In Bezug auf die täglichen Geschäfte die ein Filialleiter ausführt, ist die einfachste Art der Vollmacht die **Handlungsvollmacht** nach § 54 HGB. Diese kann für alle Geschäfte und Rechtshandlungen die der Apothekenbetrieb gewöhnlich mit sich bringt, erteilt werden. Die Handlungsvollmacht muss nicht ins Handelsregister eingetragen und auch nicht gesondert schriftlich niedergelegt werden. In vielen Fällen ergibt sie sich bereits aus den Aufgabenstellungen im Arbeitsvertrag.

Wenn eine solche Vereinbarung im Arbeitsvertrag getroffen wurde, erstreckt sich die Vollmacht auch auf die Reparatur der EDV, Anschaffung neuer Bildschirme

> **» Beispiel**
>
> Der Filialleiter ist für die Ausstattung der Apotheke und die Funktionalität der EDV verantwortlich. Ihm steht dafür ein Budget von 10.000 € p.a. zur Verfügung.

oder auf den Austausch eines veralteten HV-Tisches. Der Filialleiter braucht dann keine gesonderten Vollmachten.

Üblich in Arbeitsverträgen ist ebenfalls ein vom Zweck losgelöstes Budget, über das der Filialleiter verfügen kann:

> **» Beispiel**
>
> Über einen Betrag von 500 € monatlich kann der Filialleiter ohne Rücksprache mit dem Inhaber disponieren. Der Inhaber wird monatlich – unter Vorlage der entsprechenden Rechnungen – über die Verwendung des Etats informiert.

In diesen Fällen ist der Filialleiter noch flexibler und kann auf einige Eventualitäten reagieren, ohne gleich den Inhaber behelligen zu müssen. Für solche Geschäfte des täglichen (Apotheker-)Lebens gibt es zahlreiche Beispiele.

Um zum Beispiel Straßenkleidung getrennt von der Arbeitskleidung aufzubewahren, steht die Anschaffung eines Schranks an. Ein weiteres Beispiel sind Bürostühle, die nicht mehr höhenverstellbar sind, und ersetzt werden müssen. Wenn der Filialleiter hier innerhalb eines vorgegebenen Budgets bleibt, muss er keine Erlaubnis des Inhabers einholen.

Bei der Erteilung einer Prokura ist große Vorsicht geboten. Die Rechtsgrundlagen der Prokura finden sich in den §§ 48 bis 53 HGB. Danach ermächtigt § 49 Abs. 1 HGB „zu allen Arten von gerichtlichen und außergerichtlichen Geschäften und Rechtshandlungen, die der Betrieb eines Handelsgewerbes mit sich bringt". Der Prokurist darf daher auch branchenübergreifende Geschäfte abschließen. Dies ist einem Handlungsbevollmächtigten verwehrt, weil sein Geschäftsfeld

VIII

immer auf „das Handelsgewerbe" in dem er tätig ist (also die Apotheke), beschränkt ist.

Der Prokurist könnte beispielsweise auch eine Versicherung abschließen oder eine Finanzierung vornehmen. Er darf alle Rechtsgeschäfte im Bankwesen vornehmen, von der Kontoeröffnung über die Kontoverfügung, Überziehungen, Kreditaufnahmen sowie die Unterzeichnung von Kreditverträgen. Auch organisatorische oder arbeitsrechtliche Handlungen sind im Rahmen einer Prokura möglich. Wichtig ist ebenfalls, dass auch bei anders lautendem Vertragsinhalt oder anderer Absprache Beschränkungen dieser Vollmacht durch den Inhaber Dritten gegenüber unwirksam sind.

Gerade diese nach außen gerichtete Vollmacht bezeichnet nur das rechtliche „Können", das rechtliche „Dürfen" unterscheidet sich unter Umständen davon oft nicht unerheblich.

Ob die Erteilung einer solchen Prokura für Filialleiter sinnvoll erscheint, kann hier nicht abschließend entschieden werden. Zumindest ist die Erteilung der Prokura ein deutlicher Hinweis darauf, dass der Filialleiter „leitender Angestellter" sein soll. Die rechtliche Zulässigkeit einer Prokura an einen approbierten Angestellten wird immer noch sehr kritisch gesehen. Die Argumente, der Inhaber habe mit der Erteilung einer Prokura faktisch seine eigene Entscheidungsfreiheit in wirtschaftlichen Fragen beschränkt[1] und habe dann nicht mehr die uneingeschränkte Entscheidungsmacht in seiner Apotheke, ist jedenfalls nicht von der Hand zu weisen.

☞ Merke

Es müssen keine ausdrücklichen Vollmachten erteilt worden sein, um das im Arbeitsvertrag Geregelte auch umsetzen zu können. Es sollte jedoch bei Vertragsschluss eine genaue Absprache getroffen werden, welche Dinge der Filialleiter selbstständig entscheiden darf, für welche es der Rücksprache mit dem Inhaber bedarf oder welche Entscheidungen der Inhaber selbst treffen möchte.
Wenn etwas vereinbart wurde – zum Beispiel ein Budget – sollte es in den Vertrag oder in einen Zusatz zum Vertrag aufgenommen werden.

---

[1] Cyran W, Rotta Chr.: Apothekenbetriebsordnung – Kommentar, Deutscher Apotheker Verlag, Stuttgart, 4. Auflage 2010, § 2 ApoBetrO Rz. 31

IX Vertragliche Verbote und Vertragsstrafen

Arbeitsvertraglich werden in Filialleiterverträgen viele Klauseln vereinbart, die in
Verträgen mit „normalen" Angestellten in Apotheken nicht vorkommen. Mit der
besonderen, verantwortlichen Stellung, dem Einblick in Unternehmensgeheimnisse
und der Kenntnis vom Procedere des Apothekenablaufs aus Inhabersicht, erhält der
Filialleiter eine Stellung, die nicht einfach kontrolliert werden kann. Durch seine
nach außen gerichtete Vertretungsmacht kann er weitreichende Verfügungen über
das Vermögen des Inhabers tätigen. Da die Haftung eines Angestellten im Arbeits-
verhältnis stark begrenzt ist[1], wird durch Klauseln im Arbeitsvertrag versucht, diese
Risiken so weit wie möglich zu begrenzen. Die wichtigsten Vertragsklauseln sind
allgemeine Vertragsstrafenregelungen (1), Nebentätigkeitsverbote (2), Nach-
haftungsklauseln und Ausschlussfristen (3) sowie die nachvertraglichen Wett-
bewerbsverbote (4).

1 Allgemeine Vertragsstrafen

In sehr vielen Arbeitsverträgen von Filialleitern finden sich inzwischen Vertragsstrafenvereinbarungen. In diesen wird der Filialleiter meist zur Zahlung einer gewissen Summe oder zur Rückerstattung erhaltener Sonderzahlungen oder Tantiemen verpflichtet.

Diese Vereinbarungen gehen zu Lasten des Filialleiters und sollen ein vom Inhaber nicht gewünschtes Verhalten sanktionieren. Grundsätzlich ist die Vereinbarung
von Vertragsstrafen nicht verboten. Da sie aber einseitig, entsprechend den Interessen des Inhabers im Vertrag vereinbart werden, unterliegen sie vollständig der In-
haltskontrolle gemäß § 307 BGB.

Eigentlich handelt es sich bei solchen Vereinbarungen um einen pauschalierten
Schadensersatz, der dem Inhaber die Möglichkeit geben soll, Vertragsbrüche zu
ahnden, ohne den meist schwierigen Nachweis antreten zu müssen, wie groß sein
Schaden, der aufgrund des Fehlverhaltens entstanden ist, tatsächlich ist.

IX

---

[1] Siehe Kap. XII Haftung

Die meisten Vertragsstrafen im Filialarbeitsverhältnis werden entweder für eine Kündigung vor Vertragsbeginn oder für eine Kündigung, die die Kündigungsfristen nicht beachtet, festgelegt.

Die erste Variante, „Kündigung vor Vertragsbeginn", ist die schwierigere, da ein solches Verhalten des Filialleiters ansonsten – sollte eine solche Klausel nicht vereinbart sein – nicht unter Strafe steht bzw. nicht als vertragswidriges Verhalten bezeichnet werden kann.

Trotzdem hat der Inhaber ein ernst zu nehmendes Interesse daran, dass der Apotheker, mit dem er ggf. schon mehrere Monate vor Eröffnung einer neuen Filiale einen Vertrag abgeschlossen hat, seine Stelle auch antritt. Schließlich ist der Filialleiter üblicherweise bereits gegenüber der Behörde als Verantwortlicher benannt worden.

Die in der Praxis am häufigsten verwandte Formulierung:

„Eine Kündigung vor Vertragsbeginn ist ausgeschlossen."

ist noch keine Vertragsstrafenregelung. Hiermit gibt der Inhaber nur den selbstverständlichen Leitsatz des „Pacta sunt servanda"[2] wieder.

Ist ein Arbeitsvertrag einmal geschlossen, so kann der Inhaber verlangen, dass die daraus entstehenden Pflichten erfüllt werden. Dies wird nicht dadurch geändert, dass der Apotheker eine lukrativere Stelle findet. Form und Frist einer Kündigung sind auch vor Antritt der Stelle zu wahren. Ist ein Kündigungsverbot vor Vertragsbeginn vereinbart und enthält der Vertrag außerdem eine Probezeit, so kann die Kündigung sofort erklärt werden. Die Frist beginnt dann zu laufen und das Arbeitsverhältnis kann beendet sein, bevor es in Vollzug gesetzt wurde.

» Beispiel

Am 1.6.2010 unterzeichnet die angehende Filialleiterin einen Vertrag mit dem Inhaber. Es wird darin vereinbart, dass die Filialleiterin am 1.9.2010 die Arbeit aufnehmen soll. Die Filialleiterin erhält Mitte August ein attraktiveres Angebot in einer anderen Stadt. Da eine Probezeitkündigungsfrist von zwei Wochen vereinbart wurde, kündigt sie am 17.8.2010 zum 31.8.2010.

Der Vereinbarung der Probezeit kommt dabei eine Schlüsselrolle zu. Vereinbart der Arbeitgeber keine, so kann angenommen werden, dass das Interesse des Arbeitgebers so stark war, dass es auch schutzwürdig ist. Da jedoch auch hier von der Rechtssprechung die „Lage des Einzelfalles" zu beurteilen ist, wird man bei der Be-

---

[2] Wörtlich: Verträge sind einzuhalten

setzung einer Stelle im ländlichen Gebiet, für die der Inhaber schon länger eine Besetzung sucht, eher davon ausgehen, dass dieses schutzwürdige Interesse des Arbeitgebers vorhanden ist. Im für den Filialleiter ungünstigsten Fall, muss dieser die Stelle antreten und für die Dauer der Kündigungsfrist arbeiten. Tut er dies nicht, hat ein Arbeitgeber einen Schadensersatzanspruch, der je nach Lage des Falls sehr hoch sein kann. Muss er gegebenenfalls die Filiale schließen, bis er einen neuen Filialleiter gefunden hat, kann ein immenser Schaden entstehen. Allerdings ist der Inhaber zur Schadensminderung verpflichtet und darf seine Bemühungen, die Stelle mit einem neuen Filialleiter zu besetzen, nicht einstellen.

Eine weitere oft niedergeschriebene Variante lautet folgendermaßen:

„Löst der Filialleiter das Arbeitsverhältnis vertragswidrig oder tritt er die Tätigkeit gar nicht an, so hat er eine Vertragsstrafe in Höhe dreier Bruttomonatsvergütungen zu bezahlen."

Auch diese Klausel ist – zwar nicht generell – aber in Hinblick auf die meisten Filialleiterverträge unzulässig. Eine Vertragsstrafe muss nicht nur hinreichend bestimmt sein. Dieser Anforderung ist im vorliegenden Beispiel genüge getan. Der Filialleiter weiß, dass er nicht vor Vertragsbeginn und auch später nur unter Einhaltung einer Frist kündigen darf.

Eine Vertragsstrafe muss auch eine angemessene Höhe haben. Die Höhe eines Bruttomonatsgehalts wird von der Rechtsprechung[3] zumindest dann für unzulässig gehalten, wenn ein Arbeitnehmer das Arbeitsverhältnis mit einer noch kürzeren Frist hätte kündigen können.

Kündigt in dem oben genannten Beispielsfall der Filialleiter innerhalb der Probezeit fristlos, während im Vertrag eine Frist von zwei Wochen vereinbart war, wird die Vertragsstrafe von drei Monatsgehältern unangemessen sein.

Allerdings wird eine Vertragsstrafe in Höhe der Bezüge bis zum Ablauf der ordentlichen Kündigungsfrist grundsätzlich als angemessen erachtet[4].

Damit kann bei einem Filialleiter, der eine dreimonatige Kündigungsfrist vereinbart hatte, unter Umständen bei Kündigung eine solche Strafe ausgelöst werden. Inwieweit dann eine Reduzierung der Vertragsstrafe erreicht werden kann, wenn der Filialleiter eine zweimonatige Frist einhält und nur einen Monat zu früh kün-

---

[3] BAG, Urteil vom 4.3.2004, 8 AZR 196/03
[4] BAG, Urteil vom 18.12.2008, 8 AZR 81/08

digt, ist unsicher. Da die Verhängung einer solchen Strafe wohl in der Regel gerichtlich verfolgt wird, da die wenigsten Filialleiter eine fünfstellige Summe nur nach Aufforderung des Inhabers bezahlen werden, kann man immer mit einer weiteren „Einzelfallabwägung" rechnen.

Bei einer zu hoch bemessenen Strafe wird die gesamte Vertragsstrafenabrede unwirksam. Sie kann gerade nicht auf das zulässige Maß reduziert werden. Es ist deshalb empfehlenswert bei der Gestaltung des Arbeitsvertags eine angemessene Summe festzulegen. Bei Festlegung einer überzogenen Summe kann es sein, dass später keine Entschädigung bezahlt werden muss.

> **! Tipp**
>
> Bei den Vertragsverhandlungen sollten sich beide Seiten hinreichend Gedanken über die Ausgestaltung der Kündigungsfrist und einer Vertragsstrafenvereinbarung machen. Dem Interesse des Filialleiters, eine möglichst lange Kündigungsfrist zu vereinbaren, steht das Interesse des Inhabers an einem entsprechenden Schadensersatz gegenüber.

Es gibt in der Praxis Versuche, Wettbewerbsverbote kombiniert mit überzogenen Vertragsstrafenvereinbarungen in dem Vertrag des Filialleiters zu verankern. Trotz der grundsätzlichen Zulässigkeit solcher Vereinbarungen müssen diese jedoch, sollten sie den Wettbewerb des Filialleiters nach Vertragsende ausschließen wollen, den Vorgaben der §§ 74a ff. HGB genügen.

Aus diesen Gründen ist die in dem dargestellten Beispiel getroffene Vereinbarung unwirksam:

> **» Beispiel**
>
> Der Filialleiter verpflichtet sich, während der Dauer des Arbeitsverhältnisses und während eines Zeitraums von zwei Jahren danach im Ort XY und in einem Umkreis von fünf Kilometern Luftlinie um die Filialapotheke keine eigene Apotheke zu eröffnen, keine Apotheke zu pachten oder keine zu übernehmen, sich nicht mittelbar oder unmittelbar an einer Apotheke zu beteiligen, insbesondere keine Räume zum Betrieb einer Apotheke zu vermieten oder im Dienste einer solchen zu sein sowie kein derartiges Vorhaben zu betreiben. Für den Fall der Zuwiderhandlung kann der Inhaber entweder den Anspruch auf Unterlassung oder die Zahlung einer Vertragsstrafe gegen den Filialleiter geltend machen. Die Vertragsstrafe wird für jeden Fall der Zuwiderhandlung auf sechs Bruttomonatsgehälter festgesetzt, wobei die Geltendmachung eines höheren Schadens nicht ausgeschlossen ist. Die Vertragspartner sind sich über die Angemessenheit der vereinbarten Vertragsstrafe einig.

Der Inhaber hat in dieser Klausel zwar an alle Eventualitäten gedacht, deren Eintritt er nicht gerne sehen wollte, er hat jedoch nicht darauf geachtet, welchen Ausgleich er dem Filialleiter für diese weitgehenden Restriktionen zukommen lassen will. Auch wenn er mit dem letzten Satz das Einverständnis des Filialleiters dokumentieren will, würde diese Klausel in weiten Teilen als unzulässige Benachteiligung des Filialleiters als unwirksam bewertet. Ob wenigstens ein Teil der Klausel, in dem die Agitationen während des Arbeitsverhältnisses durch Vertragsstrafe untersagt sind, als wirksam erachtet werden kann, obliegt der Entscheidung im Einzelfall durch die überprüfenden Gerichte.

2 Nebentätigkeitsverbote

Häufiger findet man in Verträgen mit Filialleitern unterschiedliche Nebentätigkeitsverbote.

Grundsätzlich sind Nebentätigkeiten, die während eines Arbeitsverhältnisses ausgeführt werden, zulässig. Dies ergibt sich bereits aus der im Grundgesetz verankerten Berufsausübungsfreiheit aus Art. 12 Abs. 1 GG. Auch ein Filialleiter schuldet seinem Arbeitgeber grundsätzlich nur die Leistung der versprochenen Dienste, nicht seine gesamte Arbeitskraft.

2.1 Grenzen der Nebentätigkeit

Hierbei schränken allerdings die allgemeinen Vorschriften des Arbeitsrechts die Betätigungsfreiheit des Filialleiters ein. So darf zum Beispiel in Zusammenhang mit einer weiteren Tätigkeit die Höchstarbeitszeit nach dem Arbeitszeitgesetz nicht überschritten werden. Außerdem ist während des Urlaubs eine Nebentätigkeit, „die dem Urlaubszweck widerspricht" (Erholung), verboten.

Die nach § 8 Bundesurlaubsgesetz (BurlG) untersagte Erwerbstätigkeit während des Urlaubs betrifft allerdings nur Tätigkeiten, für die eine entsprechende Gegenleistung in Geld oder Sachwerten vereinbart ist. Jede Art von ehrenamtlicher Tätigkeit sowie Familienhilfe sind trotzdem erlaubt.

Ein Filialleiter, der sich während seines Urlaubs den Apothekern Ohne Grenzen anschließt und für vier Wochen Hilfe in Krisengebieten leistet, übt keine unerlaubte Nebentätigkeit aus. Die einzige Frage, die er sich stellen lassen muss, ist, ob er durch diese Tätigkeit so erschöpft wird, dass der Erholungszweck des Urlaubs vereitelt wird.

IX

Auch die Ausübung einer bereits während des Arbeitsverhältnisses erlaubten Nebentätigkeit – zum Beispiel als Dozent an der Universität – darf während des Urlaubs weitergeführt werden.

Der Filialleiter darf die Nebentätigkeit während seiner Erholungszeit allerdings nicht ausweiten, also aus dem Nebenjob während der Ferien eine Hauptbeschäftigung machen.

2.2 Klauseln für Nebentätigkeitsverbote

Sind dagegen schon direkt im Arbeitsvertrag Nebentätigkeitsverbote erwähnt, muss sich der Filialleiter daran halten, wenn sie rechtlich korrekt sind.

In Filialleiterverträgen finden sich Bestimmungen, die zum Beispiel folgende Inhalte haben:

„Während der Dauer des Arbeitsverhältnisses ist jede entgeltliche oder unentgeltliche Nebenbeschäftigung unzulässig."

oder:

„Nebentätigkeiten bedürfen der vorherigen Zustimmung des Arbeitgebers."

oder:

„Nebentätigkeiten bedürfen der vorherigen Zustimmung des Arbeitgebers. Die Genehmigung ist zu erteilen, wenn berechtigte Interessen des Arbeitgebers nicht entgegenstehen."

Die Frage, die sich ein Filialleiter also zuerst stellen muss, wenn er eine Nebentätigkeit aufnehmen will, ist, ob die Klausel überhaupt wirksam ist. Erst danach kommt die Frage, ob die angestrebte Nebentätigkeit erlaubt, verboten oder von der Zustimmung des Arbeitgebers abhängig ist.

Nach der bisherigen Rechtsprechung sind solche Klauseln im Allgemeinen unwirksam, da der Arbeitgeber an einer umfassenden Kontrolle des Arbeitnehmers kein berechtigtes Interesse hat.

Die erste Klausel, nach der „jede entgeltliche oder unentgeltliche Nebenbeschäftigung unzulässig" ist, wird folglich für unwirksam gehalten. Anders sind die beiden anderen Klauseln, nach denen Nebentätigkeiten der Zustimmung des Inhabers bedürfen[5],

---

[5] BAG, Urteil vom 11.12.2001 – 9 AZR 464/00

zu beurteilen. In der Regel muss er die Genehmigung erteilen, falls er kein von ihm darzulegendes und zu beweisendes „berechtigtes Interesse" an der Verweigerung der Genehmigung hat. In diesem Punkt macht das BAG auch keinen Unterschied zwischen der zweiten und der dritten der oben genannten Klauseln: Der Arbeitgeber braucht daher immer ein „berechtigtes Interesse", um dem Arbeitnehmer eine Nebentätigkeit zu versagen, das heißt auch dann, wenn dies nicht ausdrücklich in der Klausel steht.

Daher ist von den genannten Klauseln nur die erste unwirksam, wohingegen die anderen beiden wirksam und daher vom Filialleiter zu beachten sind. Allerdings kann er auch dann, wenn das nicht ausdrücklich in der Klausel steht (vgl. die zweite Klausel), vom Arbeitgeber verlangen, dass die Zustimmung erteilt wird, wenn keine „berechtigten Interessen" des Arbeitgebers entgegenstehen.

2.3 Apothekenrechtliches Nebentätigkeitsverbot

Eine darüber hinausgehende Frage ist, ob sich aus apothekenrechtlicher Sicht eine Nebentätigkeit verbietet. Wie bereits erwähnt, gehen einige Genehmigungsbehörden davon aus, dass auch die Tätigkeit des Filialleiters „hauptberuflich" ausgeübt werden muss. Diese Beschränkung geht auf § 2 Abs. 3 ApoBetrO zurück, wonach der Apothekenleiter „jede berufliche Tätigkeit, die er neben seiner Tätigkeit als Apothekenleiter ausübt, vor ihrer Aufnahme der zuständigen Behörde anzuzeigen" hat. Da der Filialleiter in seiner Verantwortung um die Leitung einer Apotheke dem Inhaber gleichgestellt wird (§ 2 Abs. 1 S. 5 ApoBetrO), ist diese Restriktion bei der Ausübung der Nebentätigkeit zusätzlich zu beachten.

Durch die Vorschrift in der Apothekenbetriebsordnung soll sichergestellt werden, dass die Nebentätigkeit mit der Leitung einer Apotheke vereinbar ist. In diesem Fall bezieht sich die Anzeigeverpflichtung nicht allein auf den Inhaber als Arbeitgeber, sondern ebenfalls auf die Behörde. Auch wenn im Arbeitsvertrag kein Nebentätigkeitsverbot vereinbart wurde, muss der Filialleiter, der dem Apothekenleiter gleichgestellt wird, seine Tätigkeit an die Behörde melden.

Dies muss sogar unter Angabe aller Einzelheiten, wie zum Beispiel der Art der Tätigkeit, der persönlichen und zeitlichen Einbindung erfolgen. Kommt die Behörde zu dem Ergebnis, dass der Filialleiter seine apothekenrechtlichen Verpflichtungen nicht mehr erfüllen kann, so muss sie ihn auf diese Pflicht hinwei-

IX

sen[6]. Bei weiteren Verstößen kann dies zur Abmahnung und später zur Kündigung des Filialleiters durch den Inhaber führen. Ein Verstoß gegen wesentliche Vertragsinhalte kann in diesem Fall angenommen werden.

Allerdings werden ehrenamtliche Tätigkeiten nicht als „berufliche Tätigkeiten" im Sinne der Apothekenbetriebsordnung eingestuft, sodass für diese die Mitteilungspflicht entfällt.

2.4 Ausschlussfristen

Ausschlussfristen in Arbeitsverträgen regeln normalerweise, wann Ansprüche aus dem Arbeitsverhältnis verfallen, wenn sie nicht – meist durch den Filialleiter innerhalb eines bestimmten Zeitraums – geltend gemacht werden. Werden keine Ausschlussfristen vereinbart, so gilt gem. § 195 BGB eine Verjährungsfrist von drei Jahren.

Es gibt sowohl Ausschlussfristen, die auch während des laufenden Arbeitsverhältnisses Ansprüche verfallen lassen, als auch Fristen, die den Verfall nach Ende des Vertrags regeln. Die Klauseln erfassen manchmal „alle Ansprüche aus dem Arbeitsverhältnis" oder regeln spezielle Ansprüche wie Notdienstvergütungen, Sonderzahlungen oder auch Prämien und Tantiemenauszahlungen.

Ist das Arbeitsverhältnis beiderseits tarifgebunden bzw. ist die Tarifbindung vertraglich vereinbart[7], so gilt § 20 BRTV. Danach müssen Ansprüche aus „Mehrarbeit, Nacht- ,Sonn- und Feiertagsarbeit, sowie auf Zulagen jeder Art und Ansprüche auf Notdienstvergütungen binnen drei Monaten nach Fälligkeit schriftlich geltend gemacht werden". Dies gilt bereits während des laufenden Arbeitsverhältnisses. Nach Beendigung soll eine dreimonatige Ausschlussfrist für „alle" Ansprüche aus dem Arbeitsverhältnis gelten.

Dem Tarifvertrag zufolge muss also der Filialleiter, der für April noch keine Notdienstvergütung erhalten hat, soweit diese zusätzlich zum Gehalt vereinbart wurde, spätestens Ende Juli ein Schriftstück verfassen und dies dem Arbeitgeber übersenden. Es würde ebenfalls ausreichen, die schriftlich festgehaltenen Vergütungsansprüche vom Inhaber gegenzeichnen zu lassen.

---

[6] Nach § 7 ApoG, § 2 Abs. 2 Satz 2 ApoBetrO
[7] Erkennbar an der Klausel „Im Übrigen – bzw. ergänzend – gelten die Bestimmungen des Bundesrahmentarifvertrages in seiner jeweils gültigen Fassung"

Ist das Arbeitsverhältnis nicht tarifgebunden, können die Parteien auch einzelvertragliche Ausschlussfristen vereinbaren. Dabei ist zu beachten, dass das BAG zu kurze Fristen mit den wesentlichen Grundgedanken des gesetzlichen Verjährungsrechts nicht vereinbar hält. Es sieht darin eine Einschränkung wesentlicher Arbeitnehmerrechte. Nach Meinung des BAG[8] ist eine Frist von weniger als drei Monaten für die Geltendmachung arbeitsvertraglicher Ansprüche auch unter Berücksichtigung der im Arbeitsrecht geltenden Besonderheiten unangemessen kurz. Eine derart knapp bemessene Ausschlussfrist ist daher unwirksam.

Anders als im Tarifvertrag geregelt, kann aber auch eine so genannte „doppelte" Ausschlussfrist vereinbart werden: In der ersten Stufe muss der Filialleiter seine Ansprüche schriftlich geltend machen.

Danach, falls eine Erledigung immer noch nicht eingetreten ist, muss er binnen einer weiteren Frist Klage einreichen.

3 Nachvertragliche Wettbewerbsverbote

Die Vereinbarung von Wettbewerbsverboten im Vertrag begründet sich durch die Angst des Inhabers, der Filialleiter könnte sich entschließen, wenn er erst einmal genug Einblick in das „Unternehmen Apotheke" erhalten hat und den Standort genau kennt, direkt in der Nachbarschaft eine eigene Apotheke zu eröffnen. Ein solches Unterfangen ist dem Filialleiter nicht per se verboten.

Zwar ist die Tätigkeit in einer Konkurrenzapotheke während der Beschäftigung als Filialleiter schon aufgrund der oben bereits erwähnten vertraglichen Nebenpflichten des Filialleiters angreifbar. Die Eröffnung einer neuen Apotheke nach der regulären Beendigung des Arbeitsverhältnisses bleibt aber zulässig

IX

3.1 Voraussetzungen

Die Vereinbarung eines nachvertraglichen Wettbewerbsverbots bietet sich an, wenn sich der Inhaber vor einer Konkurrenztätigkeit des Filialleiters schützen will. Allerdings halten die meisten im Arbeitsvertrag vereinbarten Klauseln einer Prü-

---

[8] Urteil des BAG vom 28.09.2005 – 5 AZR 52/05

fung nicht stand, da sie nicht den in §§ 74 und 74a Handelsgesetzbuch (HGB) auf-gestellten Anforderungen genügen.

Die folgende Anmerkung, mit welcher ein Inhaber zum Ausdruck bringt, was er erreichen möchte, kann keine rechtlich durchsetzbare Wirkung entfalten: „Der Fili-alleiter verpflichtet sich, innerhalb von drei Jahren nach seinem Ausscheiden im Umkreis von drei Kilometern um die XY-Apotheke keine Apotheke zu eröffnen oder in die Dienste einer solchen zu treten."

Nach der bindenden Vorschrift des § 74a HGB darf ein Wettbewerbsverbot nur für einen Zeitraum von bis zu zwei Jahren nach Vertragsende vereinbart werden. Außerdem ist es nur wirksam, wenn der Inhaber sich ausdrücklich und schriftlich dazu verpflichtet, dem Filialleiter für die Dauer des Verbots mindestens die Hälfte des Gehalts zu bezahlen, welches der Filialleiter vor seinem Ausscheiden dort ver-dient hat, die so genannte Karenzentschädigung.

Eine Klausel könnte daher so aussehen:

» Beispiel

„Der Filialleiter verpflichtet sich, nach Beendigung des Arbeitsverhältnisses binnen eines Zeitraums von zwei Jahren im Umkreis von fünf Kilometern des Filialstandorts keine eigene Apotheke zu eröffnen. Für die Dauer dieser Wettbewerbsabrede erhält der Filialleiter die Hälfte seiner zuletzt verdienten Bezüge."

Nach der neuesten Rechtsprechung des Bundesarbeitsgerichts[9] ist die Wirksamkeit einer solchen Klausel allerdings zu bezweifeln. In dem vom BAG entschiedenen Fall wird ein „überschießendes Wettbewerbsverbot" für unzulässig gehalten. Ein Wettbewerbsverbot soll immer dann überschießend sein, wenn es nicht dem Schutz eines berechtigten geschäftlichen Interesses des Arbeitgebers dient. Ein Filial-apotheker sollte insbesondere überprüfen, ob ihm eine selbstständige Tätigkeit un-tersagt werden kann, oder ob sich der Wettbewerb immer nur auf eine andere ange-stellte Tätigkeit beziehen kann.

3.2 Risiken bei der Festlegung eines Wettbewerbverbots

In Bezug auf die Karenzentschädigung ist zu bedenken, dass die „Bezüge" nicht lediglich das Gehalt umfassen. Neben dem Grundgehalt müssen hier auch alle

---

[9] Urteil des BAG vom 21.04.2010 – 10 AZR 288/09

Sonderzuwendungen wie Gewinnbeteiligungen, Tantiemen etc. berücksichtigt werden.

Selbst wenn arbeitsvertraglich festgeschrieben wird, dass die Tantiemen „freiwillig unter Ausschluss eines Rechtsanspruchs erfolgen" werden sie in die Karenzentschädigung mit eingerechnet.

Es ist stets zu bedenken, dass ein Wettbewerbsverbot, welches den Anforderungen des Gesetzes nicht entspricht, nur als „unverbindlich" betrachtet wird, es ist nicht von Anfang an unwirksam. Der Filialleiter hat also ein Wahlrecht. Ist die Karenzentschädigung zu niedrig angesetzt oder der Zeitraum zu lang bemessen, kann er sich an das Vereinbarte halten, der Inhaber muss die Entschädigung zahlen. Hält er sich im Falle dieser unwirksamen Vereinbarung nicht an das Wettbewerbsverbot, kann der Inhaber keine Vertragsstrafe verlangen.

Selbst wenn der Filialleiter arbeitsunfähig aus dem Arbeitsverhältnis ausscheiden würde oder direkt nach dieser Anstellung seine Altersrente bezieht – der Anspruch auf Karenzentschädigung entsteht unabhängig davon[10]. Die einzige gesetzliche Ausnahme ist der Antritt einer Freiheitsstrafe (§ 74c Abs. 1 S. 3 HGB).

Sind die Fronten nicht völlig verhärtet, kommt es in der Praxis meistens zu einer einvernehmlichen Aufhebung dieser Vereinbarung. In solchen Fällen muss beiden Parteien angeraten werden, diese Aufhebung schriftlich abzufassen. Dies kann durch einfache Erklärung, dass sich beide nicht an das Wettbewerbsverbot gebunden halten, geschehen. Zu Beweiszwecken sollte die Erklärung beide Unterschriften enthalten.

Muss eine solche Klausel auf dem Rechtswege angegriffen werden, so hat der Filialleiter die Möglichkeit einer Feststellungsklage. Der Inhaber kann bei Verstoß des Filialleiters auf Unterlassung klagen.

IX

---

[10] BAG Urteil vom 23.11.2004 Az.: 9 AZR 595/03

X Apothekenrechtliche Verantwortung

Ein Filialapotheker muss eine Filialapotheke persönlich und in eigener Verantwortung leiten. Die Auswirkungen, die diese rechtlichen Vorgaben auf die apothekenrechtliche Verantwortung des Filialleiters haben und worin sie eigentlich bestehen, werden hier im Einzelnen erörtert. Gemäß Apothekengesetz und Apothekenbetriebsordnung[1] ist der Filialleiter dafür verantwortlich, dass die Filiale unter Beachtung der geltenden Vorschriften – also auch der zwingenden apothekenrechtlichen, arzneimittelrechtlichen und heilmittelwerberechtlichen – betrieben wird. Daneben bestehen allgemeine, öffentlich rechtliche Vorschriften (z. B. Arbeitsschutzgesetze, Ladenschlussgesetz). Die für die Praxis bedeutendsten Bereiche sollen im Folgenden näher erläutert werden.

1 Beispiele aus der Praxis

Selbstverständlich können in diesem Rahmen nicht alle Erfordernisse, auf die der Filialleiter zu achten hat, im Einzelnen erörtert werden[2]. Deswegen sollen hier nur die in der Praxis häufig vorkommenden Sachverhalte beschrieben werden.

1.1 Betriebsräume (§ 4 ApoBetrO)

Bei der Begutachtung der Betriebsräume muss der Filialleiter unter anderem beurteilen, ob eine Warenschleuse benötigt wird, damit der Großhandel nachts die Warenlieferung diebstahlsicher einstellen kann. Müssen größere Mengen brennbarer Flüssigkeiten gelagert werden, muss ein extra Raum mit entsprechender Entlüftung vorhanden sein. Da der Filialleiter die Apotheke nicht umbauen kann, muss er diesbezüglich nach Alternativen suchen. Ist ein Lagerraum für Lösungsmittel nicht vorhanden, werden Alkohol und Benzin nur literweise bestellt.

---

[1] §§ 2 Abs. 5 Nr. 2 ApoG, 2 Abs. 2 ApBetrO
[2] Siehe dazu einschlägige Kommentare, z. B. Cyran W und Rotta Chr.: Apothekenbetriebsordnung – Kommentar, Deutscher Apotheker Verlag, Stuttgart, 4. Auflage 2010

Die Rezeptur muss nach drei Seiten geschlossen sein und darf keinen Durchgangsweg bilden. Ein Beratungsraum oder abgeschirmter Bereich für vertrauliche Beratung sollte nicht fehlen.

1.2 Personal (§ 3 ApoBetrO)

Wie bereits in Kapitel VII erörtert, muss der Filialleiter für die ausreichende Besetzung der Apotheke mit pharmazeutischem Personal sorgen. Bei durchgehenden Öffnungszeiten oder in Einkaufszentren, die bis 22 Uhr geöffnet sind, ist mit dem Inhaber die zur Verfügung stehende Personaldecke zu erörtern. Nach dem Nachtdienst eines Mitarbeiters muss, um die Ruhezeiten zu ermöglichen, für die Anschlusszeit weiteres pharmazeutisches Personal eingeteilt werden können.

Dem Personal, welches z. B. Blutzuckerbestimmungen durchführt, muss eine Hepatitis B-Impfung angeboten und gegebenenfalls bezahlt werden.

1.3 Herstellung, Vorratshaltung, Lagerung

Die Lagerung und Funktion der Geräte wie etwa des Abzugs (Schutz der Mitarbeiter) muss überprüft werden, eventuell ist eine Wartung der Geräte zu veranlassen. Die Funktion des Kühlschranks (Schutz der Produkte) ist ständig zu überwachen. Der Filialleiter muss ebenfalls Arbeitsmittel wie säurefeste Handschuhe, Mundschutz und Desinfektionsmittel bereitstellen.

1.4 Beratung, Dokumentation, Datenschutz

Die sichere Entsorgung von Daten, also das Schreddern von Papier aber auch das irreversible Löschen von Computerdateien durch ein entsprechendes Programm fällt ebenfalls in den Verantwortungsbereich des Filialleiters wie auch die Beachtung von Aufbewahrungsfristen für Aufzeichnungen (zum Beispiel nach dem Transfusionsgesetz oder dem Betäubungsmittelgesetz).

X

2 Sonstige Rechtsvorschriften

2.1 Allgemeine Fürsorgepflichten

Die dem Filialleiter übertragene Verantwortung erstreckt sich auch auf andere betriebsbezogene Vorschriften. Dabei rückt oft die vom Inhaber übertragene Fürsorgepflicht des Arbeitgebers in den Fokus.

> **» Beispiel**
>
> Bei der im Jahr 2009 befürchteten Pandemie, auch als „Schweinegrippe" bekannt, treten die Mitarbeiter an den Filialleiter heran und fragen nach, welche Schutzmaßnahmen sie ergreifen können, um sich als Risikogruppe vor dem Virus zu schützen.

Rechtlich ergibt sich die Fürsorgepflicht des Arbeitgebers und damit auch des Filialleiters im Falle einer Pandemie aus dem Arbeitsschutzgesetz und den jeweiligen Empfehlungen des Ausschusses für biologische Arbeitsstoffe. Zuständig ist die Bundesanstalt für Arbeitsschutz und Arbeitsmedizin, die meist zuerst „nationale Empfehlungen" herausgibt[3].

Nach § 3 (1) Arbeitsschutzgesetz (ArbSchG) ist der Arbeitgeber verpflichtet, die erforderlichen Maßnahmen des Arbeitsschutzes unter Berücksichtigung der Umstände zu treffen, die die Sicherheit und Gesundheit der Beschäftigten bei der Arbeit beeinflussen. Der Arbeitgeber hat also bei Exposition der Beschäftigten am Arbeitsplatz die Untersuchung und die Verschreibung eines antiviralen Arzneimittels zu ermöglichen und die Kosten des Medikaments zu übernehmen. (§ 3 Abs. 3 ArbSchG).

Der Filialleiter sollte in diesem Fall zumindest wissen, dass der Ausschuss für Biologische Arbeitsstoffe (ABAS) jeweils konkrete Handlungsempfehlungen für Arbeitgeber und Beschäftigte herausgibt. Zwar ist der Influenza A-Virus H1N1 damals in die Risikogruppe 3 eingestuft worden, allerdings gab es keine konkreten Impfempfehlungen für Apothekenmitarbeiter. Jedoch wurde den Mitarbeitern angeraten, sich mit einem Mundschutz auszurüsten.

2.2 Mutterschutzrichtlinien

Wird eine Mitarbeiterin der Filialapotheke schwanger, muss der Filialleiter Schutzmaßnahmen treffen und darf sie nur begrenzt einsetzen. Arbeitet die Mitarbeiterin

---

[3] www.baua.de

im Labor und hantiert mit chemischen Substanzen, so muss § 5 der Mutterschutz-richtlinienverordnung beachtet werden: „Werdende Mütter dürfen mit krebserzeugenden, fruchtschädigenden oder erbgutverändernden Stoffen gar nicht, mit sehr giftigen, giftigen, gesundheitsschädlichen oder den Menschen in sonstiger Weise chronisch schädigenden Gefahrstoffen nur bei Unterschreitung des Grenzwerts beschäftigt werden."

Der Filialleiter hat die Gefährdung des Arbeitsplatzes zu beurteilen. Man sollte in diesem Zusammenhang Kenntnisse zur Gefahrstoffverordnung haben. Die Ämter für Arbeitsschutz bzw. die Gewerbeaufsichtsämter können den Filialleiter hier unterstützen[4]. Nützliche Handlungsanleitungen für eine Gefährdungsbeurteilung gibt es auch von der Bundesapothekerkammer und von der Berufgenossenschaft[5].

Abgestuft sieht die Mutterschutzrichtlinienverordnung folgende Vorgehensweise vor:

– Umgestaltung der Arbeitsbedingungen, sodass die Gefährdung vermieden wird
– Wenn dies nicht möglich ist, dann Arbeitsplatzwechsel zur Vermeidung der Exposition
– Wenn dies nicht möglich ist, Erteilung eines Beschäftigungsverbots

Auch sonstige Einschränkungen aus dem Bereich des Mutterschutzes sind zu beachten. Dazu gehören die dargestellten Beispiele.

> **» Beispiel**
>
> Schweres Tragen: Gemäß Mutterschutzgesetz (§ 4 MuSchG) dürfen schwangere Frauen keine Arbeiten durchführen, bei denen sie schwer heben oder tragen, lange stehen oder ihre Füße besonders beanspruchen müssen. Daneben dürfen sie keine Tätigkeiten durchführen, bei denen sie sich dauerhaft in gebückter und hockender Haltung befinden (regelmäßig 5 kg oder gelegentlich 10 kg sind bereits zu schwer).
> Nachtarbeit: Werdende und stillende Mütter dürfen gemäß Mutterschutzgesetz (§ 8 MuSchG) nicht mit Nachtarbeit zwischen 20 und sechs Uhr belastet werden.
> Dauer der Arbeitszeit: Nicht mehr als 8 Stunden – ab dem fünften Schwangerschaftsmonat nicht mehr als 4 Stunden stehen.

2.3 Klima am Arbeitsplatz

Ebenfalls gehört es zu den Aufgaben des Filialleiters, eine adäquate Raumtemperatur zu gewährleisten. Nach der Arbeitsstättenverordnung haben dabei Fenster,

---

[4] Kostenlose Broschüre des Hauptverbandes der gewerblichen Berufsgenossenschaften: als „BIA BetrVG-Report Gefahrstoffe am Arbeitsplatz", zu beziehen über den Jedermann-Verlag.
[5] Aktuelle Adressen auf www.bgw-online.de

X

Oberlichter und Glaswände je nach Art der Arbeit und der Arbeitsstätte eine Abschirmung der Arbeitsstätten gegen übermäßige Sonneneinstrahlung zu ermöglichen. Allerdings ist sowohl der Inhaber und erst Recht der Filialleiter erst im äußersten Fall zur Installation einer Klimaanlage verpflichtet, sofern die Temperatur auf längere Zeit Höchstwerte überschreitet.

Die Arbeitsstättenrichtlinie (ASR) 6 zu § 6 Arbeitsstättenverordnung konkretisiert dies in Abschnitt I. Demnach muss die Lufttemperatur in Arbeitsräumen in Abhängigkeit von der überwiegenden Arbeitshaltung und -schwere (leicht/mittel/schwer) mindestens betragen:

Sitzen (20° C / 19° C / –)

Stehen und/oder Gehen (19° C / 17° C / 12° C)

Die Lufttemperatur in Arbeitsräumen soll 26° C nicht überschreiten.

Bei darüber liegender Außentemperatur darf in Ausnahmefällen die Lufttemperatur höher sein.

Der nur für eine relativ kurze Zeit im Jahr zu erwartende Fall, dass die Außentemperatur über 26° C liegt, rechtfertigt die Forderung nach einer Klimatisierung (Kühlung) der Räume i. d. R. nicht.

Allerdings dürfen bei Außentemperaturen über 32° C – selbst bei künstlicher Belüftung – Temperaturen von 26° C überschritten werden[6]. In vielen Fällen ist allein schon wegen der sachgerechten Lagerung der Arzneimittel eine Klimatisierung zwingend erforderlich.

In diesem Zusammenhang ist aber ebenfalls das Unterschreiten der Mindesttemperatur relevant. Eine auch im Winter ständig geöffnete Apothekentür kann auch hier zu einer gesundheitsgefährdend niedrigen Raumtemperatur führen.

2.4 Ladenschlussgesetz

Seit der Föderalismusreform im Jahr 2006 wurden die Ladenöffnungszeiten in die Gesetzgebungskompetenz der Länder überführt und damit weitestgehend flexibilisiert. Für Apotheken, die gesetzlich verpflichtet sind, Nacht- und Notdienste zu verrichten, sind sie daher von geringer Bedeutung.

---

[6] Urteil des OLG Hamm vom 18.10.1994, Az.: 7 U 132/93 – in dem über die Verpflichtung des Vermieters zu entscheiden war

Die Beachtung der Ladenschlussgesetze ist daher in der Praxis hauptsächlich für die Tage des 24.12. und 31.12. von Bedeutung. Außerdem gibt es in einigen Landstrichen weitergehende Unsicherheiten, was die Schließung von Apotheken in der Faschings- bzw. Karnevalszeit angeht.

Soll eine Apotheke, für die an regulären Tagen eine Mindestöffnungszeit gilt, geschlossen werden, so muss dies zumindest angemeldet werden. Wird dies durch den Inhaber nicht erledigt, so muss es der Filialleiter selber tun. Weder Rosenmontage noch Faschingsdienstage und auch nicht die Weiberfastnacht

> **» Beispiel**
>
> Ein Inhaber in Köln entscheidet, die Filialapotheke am Rosenmontag zu schließen, da die Umsätze an diesem Tag, wie auch die Vorjahre bewiesen haben, schlecht sind. Er weist den Filialapotheker an, sich frei zu nehmen und die Apotheke geschlossen zu lassen. Auf die Frage des Filialapothekers, ob er die Schließung angemeldet habe, teilt er mit, er würde dies nicht anmelden und die Filialleitung brauche sich nicht darum zu kümmern.

sind gesetzliche Feiertage. Nur an Sonn– und Feiertagen kann die Apotheke, wenn sie nicht zum Notdienst eingeteilt ist, schließen. In einigen Bundesländern wie Baden-Württemberg gilt für Rosenmontag und Faschingsdienstag eine so genannte Allgemeinverfügung. Danach kann die Apotheke ohne zusätzlichen Antrag geschlossen bleiben, wenn sie keinen Notdienst hat.

Für die Tage 24.12. und 31.12., die so genannten Vorfesttage, ist zu beachten, dass die Apotheke – je nach Bundesland – zwischen 12 und 14 Uhr geschlossen werden darf. Da diese Tage ausdrücklich keine Feiertage sind, können die Mitarbeiter dennoch in der geschlossenen Apotheke arbeiten, um etwa Revisionsarbeiten zu erledigen.

3 Revisionsfähigkeit

Üblicherweise ist bei Neueröffnung einer Filiale eine so genannte Anfangsrevision vorgesehen, die der Pharmazierat oder Amtsapotheker vornimmt. Wird eine bereits bestehende Apotheke von einem Filialleiter übernommen, so wird in der Praxis häufig der Überprüfung der Revisionsfähigkeit wenig Beachtung geschenkt. Es ist jedoch sehr empfehlenswert die Revisionsfähigkeit zu überprüfen, da in einigen Kammerbezirken unangekündigte Routinekontrollen durchgeführt werden. Der Filialleiter sollte sich deshalb frühzeitig mit den zu überprüfenden Sachverhalten beschäftigen.

X

Da Inspektionen ein Instrument der Qualitätssicherung von Apotheken sind, sollte diese Verpflichtung ernst genommen werden. Die folgenden Punkte stehen auf der Prüfliste eines jeden Amtsapothekers:

- Personalbezogene Belange
- Räumlichkeiten und Einrichtungen
- Ausrüstungen
- Dokumentationen
- Produktion
- Vertrieb von Arzneimitteln
- Behandlung von Arzneimittelrisiken

Im Rahmen einer Selbstinspektion kann man die Apotheke gleich nach Aufnahme der Tätigkeit überprüfen. Dabei ist es sinnvoll, das Protokoll der letzten Inspektion zur Verfügung zu haben.

3.1 Personelle Belange

In Hinblick auf personalbezogene Belange ist zu prüfen, ob pharmazeutisches und nicht-pharmazeutisches Personal nur entsprechend der jeweiligen Ausbildung und Kenntnisse eingesetzt wird.

Bei einer Revision kann auch das Vorliegen der Berufsurkunden geprüft werden. Ein Blick in die Personalakten ist daher hilfreich. Wie bereits erläutert, ist ebenfalls nachzufragen, bzw. aus den Personalakten zu entnehmen, ob die Abzeichnungs-befugnisse der PTA schriftlich fixiert wurden.

Ebenfalls sollten die Dienst-, Einsatz- und Vertretungspläne eingesehen und über-prüft werden. Existieren solche nicht, sollte der Filialleiter diese erstellen. Dabei muss genauestens auf die ständige Anwesenheit eines Apothekers geachtet werden. Wenn auch Pläne für die Notdienste erstellt worden sind, wurden alle Grundvoraussetzungen beachtet und die personalbezogenen Belange halten einer Überprüfung stand.

3.2 Räumliche Anforderungen

§ 4 der Apothekenbetriebsordnung schreibt die Mindestanforderungen an Art und Umfang der Räumlichkeiten fest. Im Betriebserlaubnisverfahren ist die Einhaltung dieser Vorschriften bereits geprüft worden.

Die Aufmerksamkeit des Filialapothekers muss sich – außer dem oben Gesagten – in erster Linie auf die Instandhaltung, Reinigung und Wartung der Räumlichkeiten einschließlich der Ungezieferbekämpfung beziehen.

> **» Beispiel**
>
> Ein Schimmelbefall an den Wänden der Apotheke muss sofort beseitigt werden. Hat der Filial-leiter nicht die Vollmachten, selbst ein Unternehmen zu beauftragen, muss er solche Umstände sofort dem Inhaber melden. Unternimmt dieser nichts, so sollte zumindest umgehend eine Meldung an die Kammer erfolgen. Wahlweise kann der Filialleiter, wenn der Inhaber für einen längeren Zeitraum nicht erreichbar ist, ein Unternehmen beauftragen, den Schimmel zu besei-tigen. Nach den Regelungen der „Geschäftsführung ohne Auftrag", hat der Inhaber den so entstandenen Finanzaufwand zu tragen.

3.3 Ausrüstung

Die Apothekenbetriebsordnung schreibt diverse Ausrüstungsgegenstände vor, die in der Apotheke zwingend vorzuhalten sind. Es ist zu prüfen, ob die vorgeschrie-benen wissenschaftlichen Hilfsmittel vorhanden (z. B. Ph.Eur., DAB, Normdosen-verzeichnis, sonstige Beratungsliteratur, ABDA-Datenbank) und auf dem neuesten Stand sind. Unter vielen anderen Dingen muss die Ausstattung zur Herstellung von Arzneimitteln vorhanden und betriebsbereit sein. Selbst das Vorhandensein von Feuerlöschern in vorgeschriebener Anzahl und entsprechender Wartung ist vom Filialleiter zu prüfen.

3.4 Dokumentationen

Für Apotheken existieren zahlreiche Dokumentationsverpflichtungen. In § 22 Apo-thekenbetriebsordnung ist geregelt, welche speziellen Aufzeichnungen gemacht werden müssen, wie die Dokumentation zu führen ist und wie lange diese aufbe-wahrt werden muss.

Zusätzlich zu den in der Apothekenbetriebsordnung aufgeführten Dokumentati-onsverpflichtungen gibt es noch eine Reihe spezialgesetzlich geregelter Vorschriften, die von der Apotheke ebenso zu beachten sind, wie etwa die Abgabe von Gefahrstoffen nach der ChemVerbotsV oder die Abgabe von Betäubungsmitteln nach der BtMVV.

Der Dokumentationsverpflichtung kommt eine große Bedeutung zu, da Verstöße gegen die Nachweispflichten in den meisten Fällen ordnungswidrig sind. Außer-

X

dem erhält die Dokumentation für den Filialapotheker noch eine zusätzliche Bedeutung: Er kann, zumindest dann wenn er alles richtig gemacht hat, damit den Beweis für sein korrektes Verhalten dokumentieren und sich so von der Haftung befreien.

Bei der Erstellung der Dokumentationen sollte der Filialleiter, wenn dies möglich und praktikabel ist, diese vom Inhaber gegenzeichnen lassen.

3.5 Vertriebs- und Lagerungsvorschriften

Folgende Fragen sind zu beachten:
- Ist eine temperierte Lagerung entsprechend der vorgeschriebenen Lagertemperatur gesichert?
- Wird die Kühlschranktemperatur täglich kontrolliert und dokumentiert?
- Werden die Verfalldaten in ausreichend kurzen Abständen überprüft?
- Wird die Prüfung dokumentiert und von einem Apotheker abgezeichnet?
- Ist sichergestellt, dass keine apothekenpflichtigen Arzneimittel/Medizinprodukte in der Freiwahl der Apotheke feilgeboten werden?
- Ist sichergestellt, dass die Anlieferzonen dem Zugriff unbefugter Dritter entzogen sind?
- Werden Arzneimittel entsprechend der Anlage 2 der Apothekenbetriebsordnung vorgehalten?
- Entspricht der Vorrat an Arzneimitteln und Medizinprodukten dem durchschnittlichen Bedarf für eine Woche (§ 15 ApoBetrO)?
- Ist sichergestellt, dass die Arzneimittel der Anlage 3 der Apothekenbetriebsordnung (Notfallmedikamente) ständig vorrätig sind? Dies ist selbst dann relevant, wenn das Lager zentral geführt wird!

Werden Mängel festgestellt, sind je nach Art und Umfang behördliche Maßnahmen nach § 69 AMG erforderlich. Zur Gefahrenabwehr kann der Pharmazierat sogar die zeitweise Schließung der Apotheke anordnen. Dies geschieht üblicherweise bei folgenden Verstößen:
- Abwesenheit von Approbierten oder Vertretungsberechtigten
- Unhaltbare hygienische Zustände

Erhält der Filialleiter eine Mängelliste, ist es sinnvoll, diese sofort abzuarbeiten. Auch wenn die Mängel nicht so erheblich sind, dass binnen kurzer Frist eine Nachbesichtigung angeordnet wird, werden die Kritikpunkte notiert. Je mehr Mängel eine Apotheke aufweist, desto schneller kommt es zu einer erneuten Inspektion. Ist die Apotheke mangelfrei, vergehen meistens vier Jahre bis zur nächsten Besichtigung.

☞ **Merke**

Für alle hier erwähnten Bestimmungen gilt, dass der Filialleiter im Falle von Mängeln selbst Abhilfe schaffen muss, wenn er dazu bevollmächtigt wurde. Findet sich in seinem Arbeitsvertrag keine ausdrückliche Ermächtigung selbst Abhilfe zu schaffen, so muss er stets den Inhaber informieren und diesen mit der Beseitigung des pflichtwidrigen Zustands beauftragen. Wird der Inhaber nicht tätig, so muss der Filialleiter gegebenenfalls die Filiale schließen, um Haftungsansprüche gegen sich selbst zu vermeiden. Er sollte dabei stets beachten, dass er zumindest die Apothekerkammer informiert und zuvor die Notwendigkeit der Schließung genau prüft.

In dem hier vorgestellten Beispiel muss der Filialleiter sofort den Inhaber verständigen um eine entsprechende Sanierung zu veranlassen. Hat der Filialleiter Zweifel, ob eine Schließung notwendig ist, kann er sich immer bei der

» Beispiel

In einer Filialapotheke wurde Schimmelbefall im Warenlager festgestellt. Der Filialleiter wird durch einen Handwerker, der ein Regal im Warenlager anbringen sollte, darüber informiert.

Genehmigungsbehörde erkundigen und dort um die Besichtigung durch einen Sachverständigen nachsuchen.

Schließt er ohne genauere Prüfung zu Unrecht, kann der Inhaber Schadensersatzansprüche gegen ihn geltend machen.

Wenn die Apotheke geschlossen werden muss, wobei es dabei unerheblich ist, ob das Gesundheitsamt die Apotheke schließt oder der Filialleiter dies selbst tut, behält der Filialleiter einen Anspruch auf Vergütung. Der Inhaber gerät hier in den so genannten Annahmeverzug (§ 615 BGB), da er seinem Angestellten keinen Arbeitsplatz mehr anbieten kann, obwohl dieser zur Arbeit bereit ist.

X

XI Arbeitsrechtliche Instrumente

Wie bereits geschildert[1], kommt es in der Praxis sowohl bei der Vertragsanbahnung als auch während des Arbeitsverhältnisses von Filialleitern oft zu Unstimmigkeiten mit dem Inhaber. Es ist daher für beide Seiten wichtig, die jeweiligen Rechte und Pflichten genau zu kennen, zum anderen bedarf es aber auch einiger Instrumente, mit deren Hilfe aufkommende Streitigkeiten gelöst werden können. Dabei müssen sich Filialleiter wie Inhaber vorher im Klaren sein, mit welcher Zielrichtung die Auseinandersetzung geführt werden soll. Ist eine Seite nicht glücklich mit dem zuvor vertraglich Vereinbarten, weil es sich in der Praxis als nachteilig oder nicht durchführbar darstellt, ohne dass das Verhältnis der Vertragspartner grundsätzlich zerrüttet ist, lohnt es sich, über eine einvernehmliche Vertragsänderung oder -ergänzung nachzudenken. In der Praxis werden hier von Seiten des Filialleiters häufig Prämienregelungen moniert, die ihn nicht in die Lage versetzen, nach der vereinbarten Klausel selbst den Betrag einer tariflichen Sonderzahlung zu erwirtschaften. Sind sich beide ansonsten einig, so ist es sicherlich nicht sinnvoll am Ende des Jahres den Wert einer Sonderzahlung zu erstreiten. Darauf zumindest besteht im tarifgebundenen Arbeitsverhältnis ein Rechtsanspruch.

Die Prämienklausel kann auch mit einer einfachen vertragsergänzenden Regelung angepasst werden. Als weitere Beispiele für Unstimmigkeiten zwischen Inhaber und Filialleiter lassen sich etwa die zu sehr eingeschränkte Vertretungsbefugnisse des Filialleiters im Hinblick auf die Weisungsbefugnis gegenüber Mitarbeitern anführen. Stellt der Filialleiter fest, dass er den ordnungsgemäßen Betrieb der Apotheke nicht aufrechterhalten kann, wenn er nicht befugt ist, Dienstpläne zu ändern, muss hier möglichst unter Einbeziehung der konkreten Beispiele mit dem Inhaber nachverhandelt werden. Erst wenn beide Parteien zumindest in Erwägung ziehen, sich voneinander zu trennen, sind die folgenden arbeitsrechtlichen Instrumente anzuraten. Wollen beide Seiten Streitigkeiten vermeiden, schließen sie einen Auflösungsvertrag.[2]

---

[1] Siehe Kap. II
[2] S. Anhang; auch als Aufhebungs- oder Abwicklungsvertrag bezeichnet

1 Abmahnung

Die Abmahnung ist in § 314 Abs. 2 BGB generell für Dauerschuldverhältnisse – wie zum Beispiel das Arbeitsverhältnis – geregelt. Mit einer Abmahnung wird konkretes Fehlverhalten gerügt und mit einer zusätzlichen Kündigungsandrohung vor weiteren Verstößen gewarnt. In der Regel spricht der Inhaber gegen den Filialleiter eine Abmahnung aus, wenn er ein gewisses Verhalten nicht länger dulden will. Dies kann den Umgang mit Kunden betreffen. So wurde in der Praxis eine Abmahnung gegen einen Filialleiter ausgesprochen, der die von dem Inhaber organisierten Papiertaschentücher nicht als „Give-aways" an Kunden verteilen wollte. Der Arbeitgeber hatte zuvor eine „Dienstanweisung" an den Filialleiter und sämtliche Mitarbeiter verteilt. Diese enthielt die deutliche Aufforderung, bei jeder Abgabe an jeden Kunden ein Päckchen Taschentücher der Marke X zu verteilen.

In solchen Fällen, wenn der Inhaber nicht mit dem Verhalten seines Filialapothekers einverstanden ist, bleibt ihm zunächst das Mittel der Abmahnung. Dazu muss man wissen, dass ein Arbeitsverhältnis aus verhaltensbedingten Gründen, von wenigen Ausnahmen abgesehen, nur dann gekündigt werden kann, wenn zuvor eine Abmahnung erfolgt ist[3].

Die Abmahnung muss eine Warnfunktion erfüllen: Der betroffene Filialleiter muss der Abmahnung entnehmen können, was ihm vorgeworfen wird, wie er sein Verhalten in Zukunft einzurichten hat und welche Sanktionen ihm drohen, wenn er sich nicht entsprechend verhält. In dem oben angesprochenen Fall war dies einfach. Der Inhaber hatte bereits eine Dienstanweisung geschrieben und dem Filialleiter war klar, was von ihm erwartet wurde. Allerdings sollte in der Abmahnung immer ein konkreter Vorfall, möglichst mit Datum und Uhrzeit sowie gegebenenfalls Zeugen bezeichnet sein. Ein pauschaler Vorwurf reicht nicht aus. Der Arbeitgeber muss deutlich zum Ausdruck bringen, dass er das genau benannte Verhalten missbilligt und für den Wiederholungsfall Konsequenzen – in der Regel die Kündigung – androht.

In der Praxis werden Abmahnungen jedoch häufig nicht korrekt verfasst. Ist ein Inhaber der Auffassung, sein Filialleiter bemühe sich nicht hinreichend um Kundenbindung, ist eine Abmahnung wie die Folgende wirkungslos:

XI

---

[3] Zu den Voraussetzungen, wann der Inhaber überhaupt eine Begründung für die Kündigung benötigt, siehe 3 Kündigung

„Zum wiederholten Male habe ich von Kunden und Mitarbeitern gehört, dass Sie unsere Kunden zu schnell abfertigen und sich die Kunden daher von unserer Apotheke abwenden. Sollte sich Ihr Verhalten nicht ändern, kündige ich den zwischen uns bestehenden Vertrag fristlos."

Eine Abmahnung kann auch mündlich ausgesprochen werden. Aus Beweisgründen wird sie allerdings im Regelfall schriftlich erteilt werden. Bei Erhalt einer Abmahnung hat der Filialleiter Gegenrechte. Das Einfachste ist, eine Gegendarstellung zu verfassen und diese zur Personalakte zu geben. Der Inhaber ist verpflichtet, diese Gegendarstellung zur Akte zu nehmen.

In der Gegendarstellung kann dann der Filialleiter den Vorhalt aus seiner Sicht schildern und ihn – wenn möglich – entkräften.

Wenn eine Abmahnung oder eine Gegendarstellung ernsthaft in Erwägung gezogen wird, müssen sich beide Seiten um Beweissicherung bemühen, also z. B. Zeugen ansprechen und deren Namen und Aussagen notieren. Außerdem kann der Filialleiter, auch ohne zuvor eine Gegendarstellung verfasst zu haben, auf Beseitigung und Rücknahme einer ungerechtfertigten Abmahnung klagen.

Eine Abmahnung ist dann entbehrlich, wenn der Pflichtverstoß so schwer ist, dass das Vertrauensverhältnis nachhaltig gestört wurde. Das kann etwa beim Missbrauch von Vollmachten der Fall sein. Ist etwa ein Filialleiter befugt, bei einem bestimmten Hersteller selbstständig zu bestellen und nutzt er dies aus, um sich in erheblichem Maß rezeptpflichtige Medikamente für den Eigengebrauch zu bestellen, ist das nicht durch die Vollmacht gedeckt.

Dagegen sind Abmahnungen des Inhabers nicht erfolgreich, wenn zum Beispiel die Landesdirektion der Filialleitung zwei Tage nach deren Einstellung bei einer Regelbesichtigung ein ordnungswidriges Labor vorhält. Wenn bei der Besichtigung festgestellt wird, dass seit zwei Jahren die Liste brennbarer Flüssigkeiten nicht kontrolliert und abgezeichnet wurde und die halbjährliche Regenerierung des Ionenaustauschers zur Wassergewinnung nicht realisiert wurde, so kann der Inhaber nicht erwarten, dass die Filialleitung dies alles binnen zweier Tage hätte umsetzen können.

2 Änderungskündigung

Wenn die Vertragsparteien feststellen, dass der zunächst abgeschlossene Arbeitsvertrag ergänzungsbedürftig ist oder die Filiale nicht gut anläuft, sodass die Öffnungszeiten auf ein Mindestmaß heruntergefahren werden sollen, muss der Vertrag geändert werden, wenn sich dadurch auch die Arbeitszeiten des Filialleiters ändern. Dies gilt selbstverständlich nur, wenn so genannte „wesentliche Vertragsbestimmungen" einer Änderung bedürfen. Dies sind auf jeden Fall Änderungen der Arbeitszeit, des Entlohnungssystems oder Modifikationen der festgeschriebenen Kompetenzen. Alle Punkte, die schriftlich im Vertrag niedergelegt und abgeändert werden sollen, sind hiervon ebenfalls betroffen. Verschiebt sich zum Beispiel nur die Lage der Arbeitszeit, weil die Filiale später geöffnet werden soll, bedarf dies keiner schriftlichen Änderung, wenn im Vertrag selbst keine genauen Arbeitszeiten festgelegt wurden.

Wird in solchen Fällen nicht – wie in der Einleitung erwähnt – der Weg einer einvernehmlichen Vertragsänderung gewählt, kommt noch eine Änderungskündigung in Betracht. Diese kann von beiden Seiten, also vom Inhaber oder vom Filialleiter ausgesprochen werden.

Eine Änderungskündigung ist zweierlei – einerseits ein Änderungsangebot des einen Vertragspartners – andrerseits die Kündigung der alten Arbeitsbedingungen. Anders als bei einer einvernehmlichen Vertragsänderung wird hier von einer Seite konkret das genannt, was weiterhin gelten soll – ohne weiteren Verhandlungsspielraum. In den meisten Fällen spricht der Inhaber die Änderungskündigung aus. Die Änderungswünsche beziehen sich meist auf die Absenkung oder Erhöhung der Arbeitszeit oder um den Wegfall einer Prämie.

Die Änderungskündigung muss dieselbe Frist beachten wie die Beendigungskündigung. Ist das Arbeitsverhältnis mit einer Frist von drei Monaten zum Monatsende kündbar, so können auch die neuen Arbeitsbedingungen erst nach diesem Zeitpunkt gelten. Allerdings gibt es auch die Möglichkeit einer außerordentlichen Änderungskündigung, also eine Kündigung, bei der die Frist nicht eingehalten werden muss bzw. die Möglichkeit, dem Filialleiter eine sofortige Änderung der Arbeitsbedingungen anzukündigen, gegebenenfalls verbunden mit einer Kündigung zum Ende der regulären Kündigungsfrist. Daran ist etwa zu denken, wenn die Filiale sofort geschlossen werden muss, durch Insolvenz oder der Zerstörung durch Feuer,

XI

Erdrutsch oder Hochwasserschäden. In diesem Fall kann der Inhaber dem Filialleiter anbieten, in die Hauptapotheke zu wechseln. Tut er dies nicht, kann der Filialleiter überprüfen, ob er einen Anspruch hätte, in der Hauptapotheke beschäftigt zu werden. Dies richtet sich im Wesentlichen nach den Kriterien, die das Kündigungsschutzgesetz aufstellt (siehe Punkt 3) und nach dem Inhalt des Arbeitsvertrags.

Wenn eine Änderungskündigung ausgesprochen wird, kann der Inhaber (oder der Filialleiter) eine Frist bestimmen, während derer das Einverständnis mit der Änderung erklärt werden muss. Erklärt die gekündigte Seite das Einverständnis nicht rechtzeitig, so wirkt die Änderungskündigung als Beendigungskündigung. Das Arbeitsverhältnis wird dann insgesamt beendet. Allerdings kann der Filialleiter ein Änderungsangebot auch „unter Vorbehalt" annehmen (§ 2 KSchG). In einem solchen Fall verliert er nicht die Möglichkeit, zu den geänderten Vertragsbedingungen zu arbeiten, kann aber gleichwohl in der Zwischenzeit das Änderungsangebot nach den Kriterien des Kündigungsschutzgesetzes überprüfen lassen, wenn das Gesetz anwendbar ist. Ist dies nicht der Fall, beschränkt sich die Überprüfung der Änderung auf Willkür und Unsachlichkeit.

3 Kündigung

Soll das Arbeitsverhältnis eines Filialleiters von Seiten des Inhabers gekündigt werden, so ist – je nach dessen Dauer – die Zahlung einer Abfindung relevant. Kündigt der Filialleiter, wird das Gespräch in die Richtung der nachvertraglichen Wettbewerbsverbote gehen[4].

Um genau einschätzen zu können, ob und unter welchen Voraussetzungen das Arbeitsverhältnis eines Filialleiters kündbar ist und ob eventuell eine Abfindung fällig wird, ist es empfehlenswert sich mit der kündigungsschutzrechtlichen Gesetzeslage befassen. Selbstverständlich kann man auch gleich zu Beginn des Arbeitsverhältnisses besprechen, was passieren soll, wenn man sich einmal voneinander trennen sollte. Eine Abfindungsregelung bei Kündigung durch den Inhaber kann genauso in den Arbeitsvertrag eingefügt werden wie Vertragsstrafenregelungen oder Wettbewerbsverbote.

---

[4] Siehe Kapitel IX Vertragsstrafen

In den meisten Fällen existieren keine ausdrücklichen Abfindungsregelungen, so-dass sich die Vertragsparteien erst dann mit der Auseinandersetzung beschäftigen, wenn die Trennung unmittelbar bevorsteht. Die Kündigung eines Arbeitsverhält-nisses ist eine so genannte „einseitige Willenserklärung" mit der die eine Seite kundtut, dass sie das Arbeitsverhältnis – unter Einhaltung der Kündigungsfrist – beenden will. Jede Kündigung muss schriftlich erklärt werden und bedarf keiner ausdrücklichen Begründung. Erst wenn es zu einem Gerichtsverfahren kommen sollte und das Kündigungsschutzgesetz Anwendung findet, prüft das Gericht, ob die Kündigung begründet war.

In jedem Fall sollte die Kündigungefrist beachtet werden. Diese kann folgenderma-ßen ermittelt werden:

Zuerst wird der Arbeitsvertrag herangezogen, da hier für beide Seiten die Kündi-gungsfrist geregelt werden kann. Zu beachten ist lediglich, dass der Inhaber nicht für sich selbst eine kürzere Kündigungsfrist vereinbaren kann, als diejenige, die für den Filialapotheker gelten soll.

Eine Formulierung wie: „Die Kündigungsfrist für den Arbeitgeber bestimmt sich nach dem Tarifvertrag. Der Filialleiter hat eine Frist von 3 Monaten zum Monats-ende einzuhalten." ist unwirksam (§ 622 Abs. 6 BGB).

Im nächsten Schritt sollte überprüft werden, ob der Tarifvertrag anwendbar ist. Wurde im Vertrag z. B. keine Kündigungsfrist vereinbart, sondern folgende Klausel aufgenommen: „Im Übrigen bzw. ergänzend gelten die Bestimmungen des Bundes-rahmentarifvertrags für Apothekenmitarbeiter in seiner jeweils gültigen Fassung." kann davon ausgegangen werden, dass § 19 BRTV zur Anwendung kommt. Danach gilt eine Kündigungsfrist von einem Monat zum Monatsende.

Zuletzt verschafft man sich einen Überblick über die gesetzlichen Kündigungs-fristen, die immer dann Anwendung finden, wenn sie günstiger für den Arbeitneh-mer sind oder wenn der Tarifvertrag keine Anwendung findet bzw. sich keine Hin-weise im Vertrag finden.

Die in den ersten zwei Jahren eines Arbeitsverhältnisses geltende gesetzliche Frist von vier Wochen zum 15. oder zum Ende eines Kalendermonats, kommt als wei-tere Kündigungsmöglichkeit zur Monatsmitte hinzu.

XI

Die verlängerten Kündigungsfristen, die in § 622 Abs. 2 BGB aufgezählt werden, sind immer dann zu beachten, wenn das Arbeitsverhältnis schon länger als zwei Jahre währt. Dabei wird die Beschäftigungsdauer nicht mehr, wie noch in den 2010 existierenden Vorschriftensammlungen erst ab dem 25. Lebensjahr berechnet, da laut Rechtsprechung des EuGH[5] hierin Altersdiskriminierung zu sehen ist.

💬 Zitat

§ 622 Abs. 2 BGB:
Für eine Kündigung durch den Arbeitgeber beträgt die Kündigungsfrist, wenn das Arbeitsverhältnis in dem Betrieb oder Unternehmen
1. zwei Jahre bestanden hat, einen Monat zum Ende eines Kalendermonats,
2. fünf Jahre bestanden hat, zwei Monate zum Ende eines Kalendermonats,
3. acht Jahre bestanden hat, drei Monate zum Ende eines Kalendermonats,
4. zehn Jahre bestanden hat, vier Monate zum Ende eines Kalendermonats,
5. zwölf Jahre bestanden hat, fünf Monate zum Ende eines Kalendermonats,
6. 15 Jahre bestanden hat, sechs Monate zum Ende eines Kalendermonats,
7. 20 Jahre bestanden hat, sieben Monate zum Ende eines Kalendermonats.

Ist die Kündigungsfrist korrekt, muss als Nächstes überprüft werden, ob die Kündigung gegen das Kündigungsschutzgesetz verstößt.

Da das Kündigungsschutzgesetz für ab dem 1.1.2004 begründete Arbeitsverhältnisse erst ab einer Mitarbeiterzahl von über zehn Vollzeitmitarbeitern anwendbar ist (§ 23 Abs. 1 KSchG)[6], wurde hier zu Beginn der Filialisierung darüber debattiert, ob nur die Mitarbeiter der Filialapotheke hinzuzurechnen sind. Inzwischen ist die Frage, ob Hauptapotheke und Filialen als **ein** Betrieb anzusehen sind und daher alle Mitarbeiter zusammenzurechnen sind, insoweit geklärt, als die Filialen als unselbstständige Betriebsteile anzusehen und daher der Hauptapotheke zuzurechnen sind.

Auch wenn die ABDA und der Deutsche Industrie- und Handelskammertag sich darauf geeinigt haben, dass Filialapotheken in aller Regel als selbstständige Zweigniederlassung in das Register einzutragen sind, besteht kein Zweifel, dass Haupt- und Filialapotheken nach dem Gesetz in einem Handelsbetrieb mit einer Betriebserlaubnis zusammengefasst werden.

Die Filiale ist somit zwar eine Vollapotheke und bildet daher eine selbstständige Einheit, solange aber nur eine Betriebserlaubnis existiert und der Apothekeninha-

---

[5] EuGH Urteil vom 19.01.2010 – C 555/07
[6] Es gilt noch eine Übergangsregelung: Vor dem 1.1.2004 eingestellte Arbeitnehmer genießen den Kündigungsschutz bereits ab einer Beschäftigtenzahl von über fünf Vollzeitmitarbeitern; Gesetz zu Reformen am Arbeitsmarkt vom 24.12.2003

ber die wesentlichen organisatorischen Entscheidungskompetenzen innehat, werden Haupt- und Filialapotheken als Gesamtbetrieb angesehen.

Es bedarf nur dann einer erneuten Einschätzung der Lage, wenn der Filialapotheker tatsächlich mit den Kompetenzen ausgestattet wird, die einen leitenden Angestellten[7] ausmachen.

› Exkurs

Die Tatsache, dass Filialbildungen aus der sonst klassischen Kleinbetriebsrolle herausfallen, hat noch andere Konsequenzen als die Anwendbarkeit des Kündigungsschutzgesetzes.
Im Apothekenbereich bisher unbedeutender ist die Möglichkeit der Gründung eines Betriebsrats (BetrVG). Diese Möglichkeit hätte auch schon in vielen der so genannten Kleinbetriebe bestanden, da dies nur eine Angestelltenzahl von fünf Mitarbeitern voraussetzt.
Bedeutsamer ist die mögliche Geltung des Teilzeit- und Befristungsgesetzes (TzBfG). Danach kann der Filialleiter – wie alle anderen Angestellten im Filialverbund die Verminderung seiner Arbeitszeit fordern.
Nach § 8 Ziff. 7 TzBfG ist dies möglich, wenn mehr als 15 Arbeitnehmer, wobei die Auszubildenden nicht hinzuzurechnen sind, im Verbund beschäftigt sind.
Eine Filialleiterin, die aus ihrer Mutterschutzfrist zurückkehrt, kann also fordern, dass ihre Stelle von 45 auf 35 Stunden pro Woche gekürzt wird. Der Inhaber muss dann – gegebenenfalls nach Rücksprache mit der Genehmigungsbehörde – prüfen, ob dem betriebliche Gründe entgegenstehen. Solange die Genehmigungsbehörde keine Vollzeitbeschäftigung fordert, und die Öffnungszeiten es ohnehin gebieten, dass ein weiterer Approbierter zu Vertretung angestellt werden muss, darf er ein solches Ansinnen nicht ablehnen.

In Abhängigkeit von der Anzahl der Beschäftigten gelten folgende Gesetze:
- 5 Mitarbeiter: Betriebsverfassungsgesetzes (BetrVG)
- 5 Mitarbeiter: „Altes" KschG bis 31.12.2003
- 10 Mitarbeiter: Kündigungsschutzgesetzes (KSchG)
- 15 Mitarbeiter: Teilzeit- und Befristungsgesetzes (TzBfG)
- 20 Mitarbeiter: SGB IX (Beschäftigung Schwerbehinderter)

Sind mindestens zehn Vollzeitmitarbeiter im Filialverbund beschäftigt und ist der Filialleiter seit über einem halben Jahr bei dem Inhaber beschäftigt, so ist das Kündigungsschutzgesetz anwendbar. Da in Apotheken häufig Teilzeitmitarbeiter tätig sind, gibt das Gesetz auch hierfür eine Berechnungsmethode vor:
- Mitarbeiter, die bis 20 Stunden in der Woche arbeiten, werden als 0,5
- Mitarbeiter, die bis 30 Stunden in der Woche arbeiten, werden als 0,75
- Mitarbeiter, die über 30 Stunden in der Woche arbeiten, werden als 1,0 Mitarbeiter gezählt.

XI

---

[7] Siehe Kapitel IV Arbeitsrechtliche Stellung – insbesondere: Personalkompetenz, Einkauf

Die Bedeutung des Kündigungsschutzgesetzes in der Praxis ist allerdings nicht so sehr die „soziale Rechtfertigung", nach der dann die Kündigung überprüft wird, sondern eher das Begründungserfordernis in der Kündigung. Mit dem Kündigungsschutzgesetz kommt auch der Begründungszwang. Es muss ein sachlicher Grund vorliegen. Der Inhaber kann dem Filialleiter aus

- betrieblichen,
- personenbedingten oder
- verhaltensbedingten Gründen

kündigen. Fehlt der Kündigung eine solche Begründung ist sie vor dem Arbeitsgericht angreifbar. Allerdings reicht es nicht aus, beliebig einen der oben genannten Gründe für die Kündigung zu wählen, er muss auch mit Inhalt gefüllt sein. Zur allgemeinen Orientierung sollen die Begrifflichkeiten kurz erläutert werden:

Das Vorliegen betrieblicher Gründe (das Kündigungsschutzgesetz fordert sogar „dringende betriebliche Gründe") liegt auf der Hand. Wird zum Beispiel eine Filiale geschlossen, so liegt mutmaßlich ein betrieblicher Grund dafür vor, dass der Filialleiter nicht weiterbeschäftigt werden kann. Findet hingegen der Inhaber einen neuen Filialleiter, der bereit ist, für zwei Drittel des Gehalts zu arbeiten, mag dies zwar für den Inhaber lukrativer sein, ein betrieblicher Grund hingegen ist es nicht. Eine einfache Definition dafür, wann ein betrieblicher Grund „dringend" ist, gibt es nicht. Das Bundesarbeitsgericht nimmt an, dass es einem Arbeitgeber dann nicht mehr möglich sein dürfte, die betriebliche Lage durch andere, technische, organisatorische oder wirtschaftliche Maßnahmen als durch die Kündigung zu entsprechen[8].

Personenbedingte Gründe für eine Kündigung kommen in der Praxis meist als krankheitsbedingte Störungen vor. Sie liegen unter anderem vor, wenn der Filialleiter für längere Zeit erkrankt und in Hinblick auf die Gesundung eine schlechte Prognose gestellt wird. Als Krankheit wird hier auch Alkohol- und Drogensucht bezeichnet. Krankheit per se ist kein Kündigungsgrund, sie wird es erst, wenn Betriebsstörungen durch sie verursacht werden. So können außer der lang andauernden Erkrankung auch häufige Kurzerkrankungen, die den Betriebsablauf stören, ein Grund für eine personenbedingte Kündigung sein. Personenbedingte Kündigungen werden in der Praxis nicht besonders häufig ausgesprochen, da der

---

[8] BAG Urteil vom 17. Juni 1999 – 2 AZR 456/98

Nachweis, dass die Aussicht auf Gesundung eine schlechte Prognose hat, selten gelingt.

Die verhaltensbedingte Kündigung, für die in den meisten Fällen eine vorherige Abmahnung erforderlich ist, bezieht sich im Gegensatz zu den anderen Kündigungsgründen immer auf vom Filialleiter steuerbares Verhalten. So wäre zum Beispiel – nach vorheriger Abmahnung – ein Grund für eine verhaltensbedingte Kündigung gegeben, wenn der Filialleiter trotz gegenteiliger Anweisung des Inhabers regelmäßig eine halbe Stunde vor Schließung die Apotheke verlässt und die PTA mit dem Tagesabschluss der Kasse beauftragt.

4 Inhaltskontrolle des Arbeitsvertrags gem. §§ 305 ff. BGB

Es soll nicht verschwiegen werden, dass es im Arbeitsverhältnis die inhaltliche Prüfung einzelner arbeitsvertraglicher Klauseln gibt. Überraschende, mehrdeutige und Klauseln, die den Arbeitnehmer unangemessen benachteiligen, sind danach angreifbar. Als arbeitsrechtliches Instrument in diesem Sinne eignet sich ein Vorgehen nach §§ 305 ff. BGB nicht. Zwar kann auch ein Filialleiter gegen solche Klauseln angehen, mit der Folge, dass sie unwirksam sind, der restliche Arbeitsvertrag bleibt jedoch bestehen. Eine auf Dauer angelegte Konfliktlösung kann auf diese Weise allerdings nicht gesucht werden.

XI

XII Haftungsfragen

Nachdem bereits in den Kapiteln zuvor die Rechtsstellung eines angestellten Filial-
apothekers umrissen worden ist, stellt sich nun die Frage nach der aus seinen
Verantwortlichkeiten resultierenden Haftung.
Eines vorweg: Nur Verantwortungsbereiche, die vertraglich auf den Angestellten
übertragen worden sind, können unter Umständen zu einer Haftung führen.
Wer wofür haftet, hängt einzig von den im Arbeitsvertrag übernommenen
Aufgaben ab. Der Status eines Angestellten hat hier nur geringe Bedeutung.

1 Haftung im Außenverhältnis

Bei Schadensersatzansprüchen gegenüber einem Filialleiter gilt es zu unterscheiden wann dieser gegenüber Dritten, also etwa Lieferanten oder Kunden, und wann er nach innen, also gegenüber dem Inhaber, haftet. Bei der Außenhaftung unterscheidet man wiederum zwei Fälle. Ein Filialleiter kann gegebenenfalls einem Kunden gegenüber aufgrund eines Vertrags (hier eines Kaufvertrags) haften, zum Beispiel wenn er ihm ein falsches Medikament verkauft hat. Er kann aber auch aufgrund eines Gesetztes haften, zum Beispiel wenn er im Winter nicht sorgfältig die Treppe vor dem Ladengeschäft vom Schnee befreit hat und ein Kunde stürzt (sog. deliktische Haftung gem. § 823 BGB).

Wurde z. B. ein falsches Medikament ausgegeben, wendet sich der Patient direkt an den Filialleiter. Die daraufhin geführte Schadensersatz- oder Schmerzensgeldklage richtet sich ebenfalls an ihn. Daran geht kein Weg vorbei, dieses Risiko des direkten Zugriffs der Kunden auf den Filialleiter ist auch nicht zu versichern.[1]

2 Haftung im Innenverhältnis

Eine wichtige Frage ist, ob und unter welchen Voraussetzungen der Filialleiter dem Inhaber gegenüber haftet (z. B. Vollmachtsmissbrauch) und wann er – bei eigener

---

[1] Zur Möglichkeit der Versicherung siehe XII 7.

Haftung – einen so genannten Freistellungsanspruch gegen den Inhaber geltend machen kann. Ein Freistellungsanspruch bewirkt, dass der Filialleiter von der Haftung „freigestellt" und diese dann entsprechend auf den Inhaber übertragen wird.

Gegenüber dem Inhaber kann der Filialleiter haften, wenn der Filialleiter einen wirtschaftlichen Schaden verursacht. Zu denken ist hier an Kassenfehlbestände, der Verfall oder die Vernichtung von Lagerware sowie Straftatbestände jeder Art, wie Diebstahl und Unterschlagung.

Ein Freistellungsanspruch gegen den Inhaber bedeutet, dass der Filialleiter von der Möglichkeit Gebrauch machen kann, dass der Inhaber für einen von ihm verursachten Schaden einspringt, der Inhaber ihn also von den Ansprüchen Dritter freihalten muss.

3 Freistellung von der Haftung gegenüber Ansprüchen Dritter

Wird gegen den Filialleiter ein Schadensersatzanspruch geltend gemacht, ist zuerst zu prüfen, ob dieser von der Haftung freizustellen ist und der Inhaber diesen Schaden tragen muss. Da ein Arbeitgeber in der Regel die wirtschaftliche und personelle Gesamtverantwortung trägt und ebenfalls einen alleinigen Anspruch auf die erwirtschafteten Gewinne hat wird ihm auch das durch den Betrieb seiner Apotheke entstehende Risiko zugerechnet. In der Rechtsprechung wurden dazu – zur Entlastung der Arbeitnehmer – Grundsätze zur Haftungsbegrenzung für Arbeitnehmer bei Vermögensschäden aufgestellt. Danach wird bei jedem Schaden im Arbeitsverhältnis, den ein Arbeitnehmer verursacht geprüft,

– ob dieser bei einer für den Betrieb ausgeführten Beschäftigung entstanden ist und
– ob den Filialleiter ein Verschulden an der Entstehung des Schadens trifft.

Zur Feststellung, ob die erste Voraussetzung erfüllt ist, genügt es, wenn der Filialleiter tatsächlich seiner vertraglich vereinbarten Beschäftigung nachgeht. Steht er in der Apotheke, kann in der Regel angenommen werden, er verrichtet eine Tätigkeit für seinen Arbeitgeber, sodass die erste Voraussetzung erfüllt wäre. Etwas anderes kann nur angenommen werden, wenn der Filialleiter in der Apotheke Geschäfte oder Tätigkeiten seines Privatlebens abwickelt.

XII

Problematisch wird es dann, wenn er sich zum Beispiel privat ein Surfbrett in die Apotheke liefern lässt, und dieses verletzt einen gerade eintretenden Kunden oder zerstört die Schaufensterscheibe – dann wird man zu Recht annehmen müssen, dass dieser Schaden nicht bei Ausübung seiner Tätigkeit für den Apothekenleiter geschehen ist.

Die zweite Voraussetzung ist etwas kniffliger: Es muss entschieden werden, ob der Filialleiter seinen Fehler verschuldet, diesen also leicht fahrlässig, mit mittlerer Fahrlässigkeit oder grob fahrlässig (evtl. sogar vorsätzlich) verursacht hat (§ 276 BGB).

Diese Unterscheidung ist deshalb so wichtig, weil der Filialleiter, je nachdem, wie sein Verhalten eingeordnet wird, unterschiedlich haftet:

Bei **leichter** Fahrlässigkeit scheidet eine Haftung durch den Filialleiter aus. Unter leichter Fahrlässigkeit wird eine Pflichtverletzung verstanden, die geringfügig und leicht entschuldbar ist. Leichte Fahrlässigkeit liegt zum Beispiel vor, wenn einem Mitarbeiter ein Glaskolben aus der Hand rutscht und dieser zerbricht.

Bei **mittlerer** Fahrlässigkeit kommt es eventuell zur Schadensteilung mit dem Arbeitgeber. Mittlere Fahrlässigkeit liegt vor, wenn die im Verkehr erforderliche Sorgfalt nicht beachtet wurde. Es gibt hierzu eine umfangreiche Rechtsprechung, letztendlich wird im Einzelfall entschieden. Dabei wird berücksichtigt, wie gefahrenträchtig die Arbeit war, wie hoch der Schaden ist, welche Stellung der Arbeitnehmer im Betrieb hat, etc.

Beispiel für mittlere Fahrlässigkeit: Der Filialleiter schließt die Apotheke nicht ab, da er den Schlüssel nicht findet und geht nur kurz zur Toilette. In der Zwischenzeit wird etwas entwendet.

Bei **grober** Fahrlässigkeit (oder **Vorsatz**) muss der Arbeitnehmer unter Umständen voll haften. Grobe Fahrlässigkeit liegt vor, wenn die im Verkehr erforderliche Sorgfalt in besonders schwerem Maß verletzt also wenn etwas nicht beachtet wurde, was jedem hätte einleuchten müssen[2]. Also immer dann, wenn einfachste, ganz nahe liegende Überlegungen nicht angestellt wurden. Teilweise wird hier auch von einer subjektiv unentschuldbaren Pflichtverletzung gesprochen.

Vorsätzliches Handeln liegt vor, wenn der Filialleiter die Pflichtverletzung wissentlich und willentlich begeht.

---

[2] Zuletzt: Urteil BAG vom 4.5.2006 – 8 AZR 311/05 – Das Bundesarbeitsgericht definiert: Grob fahrlässig handelt, wer die im Verkehr erforderliche Sorgfalt nach den gesamten Umständen in ungewöhnlich hohem Maße verletzt und unbeachtet lässt, was im gegebenen Fall jedem hätte einleuchten müssen.

Ein Beispiel wäre die Abgabe eines verschreibungspflichtigen Arzneimittels ohne Vorliegen einer ärztlichen Verschreibung.

Leichte Fahrlässigkeit ist etwa gleichzusetzen mit Nachlässigkeit, die dem Arbeitnehmer kaum bewusst ist.

In diesem Beispiel ist dem Inhaber ein Schaden entstanden. Der Filialleiter hat ihn auch bei Ausübung seiner Tätigkeit – nämlich der Anweisung von Angestellten – verursacht.

Diese Fallgestaltung würde man als leichte Fahrlässigkeit beurteilen, die immer dann vorliegt, wenn die erforderliche Sorgfalt nicht beachtet werden konnte bzw. dies zumindest unbeabsichtigt geschehen ist. Allerdings verschwimmen auch hier die Grenzen. Hat ein Filialleiter selbst die Einteilung des Personals vorgenommen, wohl wissend, dass er in Hochbetriebszeiten allein im Handverkauf steht wird die Handlung wohl nur als „leicht fahrlässig" angesehen werden können, wenn ihm dies aus Unerfahrenheit unterlaufen ist. Will er nur das Gehalt für den Personaleinsatz einer PTA sparen, weil dies seine Umsatzbeteiligung steigern könnte, ist er das Risiko bewusst eingegangen. Es käme dann nur die Bewertung als mittlere Fahrlässigkeit in Betracht.

Bei mittlerer Fahrlässigkeit hätte der Arbeitnehmer merken bzw. wissen müssen, dass er weitere, möglicherweise bessere, Handlungsalternativen hat.

> **» Beispiel**
>
> Der Filialleiter weist die PKA an, ein Großhandelspaket, das gerade angekommen ist, auszuzeichnen. Auf dem Paket ist eine Packungsgröße (50 Stück) angeben. Der Leiter sucht den Preis heraus – die PKA zeichnet aus. Hinterher stellt sich heraus, dass 100er-Einheiten in dem Paket enthalten waren. Der Irrtum wird erst aufgeklärt, nachdem 15 Packungen verkauft sind. Den Vorgang der Auszeichnung selbst konnte der Filialleiter nicht mehr überwachen, da er – als alleinig anwesender Apotheker – sofort wieder in den Handverkauf zurückkehren musste.

> **» Beispiel**
>
> Der Filialapotheker steht im Handverkauf, die Apotheke ist gut besucht. Eine noch nicht ausgezeichnete Ware, die kurz zuvor eingetroffen ist, muss abgeben werden. Das Computersystem stürzt ab, sodass der Apotheker darüber den Preis nicht kontrollieren kann. Da er sich aber an den alten Preis erinnert, gibt er das Arzneimittel zu diesem Preis ab, anstatt in der Hauptapotheke nachzufragen. Der Preis ist tatsächlich gestiegen, ein wirtschaftlicher Schaden entsteht.

Hier muss der Filialleitung klar gewesen sein, dass sich der Preis geändert haben könnte. Sie nimmt billigend in Kauf, dass der Preis gestiegen sein könnte. Eine Rückversicherung in der Hauptapotheke wäre möglich gewesen. Selbstverständlich

XII

agiert sie hier nicht mit einer Schädigungsabsicht, im Zweifel will sie nur erreichen, dass sie schneller Zeit für den nächsten Kunden hat. Da ihr aber bewusst sein muss, dass hier ein Schaden entstehen kann, muss ihr Verhalten als mittlere Fahrlässigkeit bewertet werden.

Grobe Fahrlässigkeit liegt dann vor, wenn der Filialleiter naheliegende Sicherheitsvorkehrungen bewusst ignoriert.

> ## » Beispiel
>
> Der völlig überforderte Filialleiter gibt der PTA-Praktikantin, die erst seit zwei Wochen in der Apotheke ist, den BTM-Schrankschlüssel und weist sie an, einen Methadon-Patienten zu bedienen. Arbeitsvertraglich war vereinbart, dass ausschließlich der Filialleiter die BTM-Abgabe erledigt. Die PTA-Praktikantin gibt ein falsches, zu hoch dosiertes Medikament ab, der Patient stirbt.

In diesem Beispiel wird sich der Filialleiter jenseits des zivilrechtlichen Schadensersatzanspruchs auch noch eines Tötungsdelikts verantworten müssen.

Natürlich gibt es auch noch andere Fälle grober Fahrlässigkeit, deren Auswirkungen nicht so dramatisch sind.

> ## » Beispiel
>
> Ein Filialleiter hat Nachtdienst. Zwar gibt es im Notdienstzimmer kein Fernsehgerät, jedoch einen Computer. Dieser PC hat keinen Virenschutz mehr, worauf der Filialleiter den Inhaber wiederholt aufmerksam gemacht hatte. Trotzdem surft er in der Nacht privat im Internet auf verschiedenen Seiten deren Urheber nicht bekannt war. Der PC wird durch einen Virus so beeinträchtigt, dass die Festplatte später ausgetauscht werden muss.

In diesem Beispiel hat der Filialleiter durch seine nächtlichen Tätigkeiten billigend in Kauf genommen, dass Schäden an dem Gerät entstehen. Es ist allgemein bekannt, dass Seiten, deren Urheber unbekannt sind, Viren verbreiten können. Das Verhalten ist allerdings nicht genau auf grobe oder mittlere Fahrlässigkeit festzulegen. War dem Filialleiter nicht bewusst, dass ein PC ohne Virenschutzprogramm nur begrenzt nutzbar ist, kommt nur mittlere Fahrlässigkeit in Betracht. Wohlgemerkt genügen auch unsichere PCs den Datentransferaktivitäten eines Apothekenbetriebs nicht. Der Filialleiter hätte sich zu einem früheren Zeitpunkt um die Aktualisierung der Software kümmern müssen. Eine solche Investition ist von seiner Vertretungsmacht gedeckt und muss vom Inhaber bezahlt werden.

Wichtig ist, dass diese Haftungsgrundsätze sowohl die Haftung umfassen, die von Dritten an den Filialleiter herangetragen werden, als auch die Tatbestände, mit denen Filialleiter direkt den Inhaber schädigen.

4 Haftungsbegrenzung

In einem Arbeitsverhältnis wird nicht unbegrenzt gehaftet. Gerade im vorletzten Beispielsfall wird klar, dass eine Haftung – zum Beispiel beim Tod eines Kunden – weit über das hinausgehen kann, was ein Filialleiter in seinem Leben verdienen kann.

Deswegen misst das Bundesarbeitsgericht die Risikohaftung des Arbeitnehmers zusätzlich an dessen Gehalt und möchte im Übrigen diese Fälle der Einzelfallentscheidung überlassen.

Wenn das Risiko, dem der Arbeitnehmer durch seine Beschäftigung ausgesetzt ist, viel höher ist, als sein Gehalt es abdecken kann, soll er nach der Rechtsprechung von Instanzgerichten auch bei grober Fahrlässigkeit mit höchstens drei Monatsgehältern haften.

Im Falle der mittleren Fahrlässigkeit, soll ein Monatsgehalt die Haftungsgrenze sein. Es ist auch entschieden worden, dass einem Arbeitnehmer höchstens eine Summe zugemutet werden soll, die innerhalb von fünf Jahren mittels zumutbarer Ratenzahlung beglichen werden kann. Dazu sei jeweils die Pfändungsfreigrenze des Gehalts zu ermitteln – der überschießende Betrag könne dann in Ratenzahlungen geleistet werden[3]. Bedenkt man, dass das Gehalt eines Filialleiters meist 4.000 € pro Monat übersteigt, kann dies ein erheblicher Teil des Jahresgehalts sein. Unpfändbar ist das Arbeitsentgelt des Arbeitnehmers nach derzeit geltenden Tabelle zu § 850c ZPO, wenn es bei einem Alleinstehenden 989,99 € monatlich nicht übersteigt.

5 Mankohaftung

Eine immer wiederkehrende Frage ist die nach der Haftung für einen Kassenfehlbestand – im arbeitsrechtlichen Bereich auch Mankohaftung genannt. Wer haftet für die Beträge, wenn am Abend die Kasse nicht stimmt? Als Mankohaftung wird

XII

[3] Zu dieser Rechtsprechung: Siehe Preis in Erfurther Kommentar § 619a BGB Rz. 18

die Haftung des Arbeitnehmers für Fehlbestände in dem ihm anvertrauten Vermögen wie z. B. Kassen, Warenlagern etc. bezeichnet. Die Mankohaftung ist gesetzlich nicht geregelt. Die Grundsätze werden von der Rechtsprechung aufgestellt. Es ist inzwischen klar, dass für ein Manko nach den allgemeinen Arbeitnehmerhaftungsgrundsätzen zu verfahren ist. Die Problematik für den Filialleiter stellt sich dann, wenn seine Mitarbeiter einen Fehlbestand verursachen. Ist der Verantwortliche nicht klar zu identifizieren, weil etwa mehrere Angestellte und der Filialleiter Zugang zu der Kasse haben, kann keinem der Mitarbeiter unterstellt werden, er sei für den Fehlbestand verantwortlich. Auch eine immer wieder gern praktizierte „Sippenhaft" gibt es in diesem Bereich nicht. Der Inhaber kann in solchen Fällen weder dem Filialleiter, noch den übrigen Angestellten den Schaden in Rechnung stellen und ebenfalls nicht darauf bestehen, dass der Fehlbestand als Gesamtschuld von allen Mitarbeitern der Filialapotheke getragen wird. Etwas anderes ergibt sich nur dann, wenn tatsächlich nur eine Person Zugang zur Kasse hatte.

Die Arbeitsvertragsparteien können die Grundsätze, nach denen für einen Fehlbestand gehaftet werden soll, individuell vereinbaren. Dies ist allerdings nur zulässig, wenn:
– Der Filialleiter alleinigen Zugriff auf die Kasse, das Warenlager hat und
– die Gefahr der Haftung durch eine wirtschaftliche Zuwendung wieder ausgeglichen wird (Mankovergütung).
Die Haftungssumme (evtl. auf einen längeren Zeitraum bezogen) darf dabei die erhöhte finanzielle Zuwendung nicht überschreiten[4].

Dies würde bedeuten, dass ausdrücklich im Arbeitsvertrag vereinbart ist, dass der Filialleiter eine gewisse Summe monatlich als Mankovergütung ausbezahlt erhält.

Haben die Arbeitsvertragsparteien – wie in den meisten Fällen – die Mankohaftung nicht gesondert vereinbart, richtet sie sich nach den allgemeinen Grundsätzen der Rechtsprechung und greift nur bei direktem Verschulden des Filialleiters ein.

6 Retaxationen

Nichts anderes als die eben geschilderten Haftungsvoraussetzungen ist im häufig vorkommenden Bereich der Retaxationen zu beachten. Typische Fälle sind hier:

---

[4] BAG Urteil vom 17.09.1998 – 8 AZR 175/97, BAG Urteil vom 02.12.1999 – 8 AZR 386/98

– Es wurde nicht das Rabattarzneimittel der Krankenkasse abgegeben und keine Begründung für pharmazeutische Bedenken angegeben. Die Kasse retaxiert auf Null.

– Es wurde ein anderer Reimport vom Großhandel geliefert als auf dem Rezept vermerkt ist. Die PKA hat dies nicht weitergegeben und das Rezept wurde abgerechnet. Da der Reimport nie an die Apotheke geliefert wurde, verweigert die Reimportfirma die Zahlung des Herstellerrabatts an die Krankenkasse. Die Krankenkasse retaxiert auf Null.

– Die PTA beachtet nicht, dass Hilfsmittel nicht mehr für alle Kassen abgegeben werden dürfen. Die Krankenkasse retaxiert.

Unabhängig davon, wie sich Inhaber und Filialleiter mit den Krankenkassen auseinandersetzen können, wird auch hier für die Haftung das jeweilige Maß der Sorgfalt[5], die der Filialleiter hat walten lassen, als Entscheidungskriterium für eine Haftung herangezogen.

7 Haftpflichtversicherung

Die pharmazeutische Verantwortung, die jeder Apotheker trägt, kann selbstverständlich nicht begrenzt werden. In der Regel hat jeder Apothekeninhaber eine Haftpflichtversicherung für seine Mitarbeiter abgeschlossen. In den meisten Berufsordnungen ist ein Satz wie folgender zu lesen:

„Der selbstständige Apothekenleiter soll eine ausreichende Haftpflichtversicherung zur Abdeckung von Haftungsansprüchen aus seiner beruflichen Tätigkeit abschließen."

Die Versicherungsunternehmer sind sich uneinig, ob für einen Filialapotheker eine Risikoerhöhung eingetreten ist und so eine umfassendere Versicherung abgeschlossen werden muss. Inzwischen kann man Filialen vielfach mit in den allgemeinen Versicherungsschutz der Betriebshaftpflichtversicherungen aufnehmen.

Wie aber bereits in den Texten der Berufsordnungen aufgeführt: Der Inhaber „kann", muss aber keine Versicherung abschließen, eine gesetzliche Verpflichtung besteht insoweit nicht. Der Versicherungsschutz nach der Betriebshaftpflichtversi-

---

[5] Siehe XII 3: Leichte, mittlere oder grobe Fahrlässigkeit

XII

cherung umfasst auch angestellte Apotheker sowie Verwalter und Filialleiter. Sie deckt üblicherweise die typischen Risiken infolge von Fehlabgaben und Verwechslungen von Arzneimitteln und apothekenüblichen Waren, Beratungsfehlern, Fehler im Rahmen der Krankenhaus- und Heimversorgung sowie auch auf Risiken infolge der Verletzung von Verkehrssicherungspflichten (die Streupflicht bei Glatteis vor der Apotheke wird vernachlässigt) ab.

Hat der Apothekeninhaber auf den Abschluss einer Versicherung verzichtet und kommt es zu einem Schaden, den er nicht ersetzen kann, erfolgt seitens der Kammern eine berufsrechtliche Reaktion, da hier die Integrität des gesamten Berufsstands betroffen ist. Eine Sanktionierung des Inhabers hilft im Haftungsfall dem Filialleiter allerdings nicht weiter. Zwar kann der Dritte (der Patient) auch dann nicht direkt auf den Filialleiter zugreifen, jedoch wird der Arbeitsplatz durch die zwangsläufige Insolvenz bei Zahlungsunfähigkeit wegfallen.

> **! Tipp**
>
> Es empfiehlt sich für den Filialleiter, vor Arbeitsbeginn den Inhaber nach einer solchen Versicherung zu fragen und diese zum notwendigen Vertragsbestandteil zu machen.

Eine gesetzliche Verpflichtung besteht nur zum Abschluss einer Pharmaprodukthaftpflichtversicherung (§§ 84 bis 94 AMG). Diese Gefährdungshaftung trifft den Apotheker für die Abgabe echter und unechter Hausspezialitäten und für die Abgabe im Voraus abgefasster und bereit gehaltener Arzneimittel, wie z. B. Tropfen, Tinkturen und Tees. Ist eine solche Versicherung nicht abgeschlossen, obwohl der Apothekeninhaber als pharmazeutischer Unternehmer tätig ist und Arzneimittel unter seinem Namen abgibt, liegt sogar ein Straftatbestand nach § 96 Nr. 14 AMG vor. Da dem Filialleiter selten derartige unternehmerische Kompetenzen verliehen werden, wird er sich nicht um eine solche Versicherung kümmern müssen. Einzelrezepturen und Defekturen fallen nicht unter die Haftung nach dem AMG. Diese werden von der Betriebshaftpflicht erfasst.

Arbeitsvertragsmuster für Filialapotheker

für Angestellte in Apotheken
zwischen

Herrn / Frau Apotheker(in) ....

Leiter(in) der .... Apotheke

in ....

und

Herrn / Frau ....

wohnhaft ....

wird folgender Arbeitsvertrag geschlossen:

§ 1   Beginn und Beendigung des Arbeitsverhältnisses

I.   Frau / Herr .... wird mit Wirkung vom ....
als Filialapotheker für die ....–Apotheke eingestellt. /
ALTERNATIV: In Abänderung des Arbeitsvertrags vom .... wird
Herr / Frau .... mit Wirkung vom .... als Filialleiter der .
........................–Apotheke eingesetzt.

II.   Auf das Arbeitsverhältnis findet der jeweils gültige Bundesrahmentarifvertrag für Apothekenmitarbeiter Anwendung.

III. Das Arbeitsverhältnis ist mit einer Frist von einem Monat zum Monats-
ende von beiden Parteien kündbar.
ALTERNATIV: Fällt der Arbeitsplatz durch Schließung der Filiale weg, wird
Herr / Frau .... gem. Arbeitsvertrag vom .... wieder in die
Hauptapotheke umgesetzt.

§ 2   Inhalt des Arbeitsverhältnisses

I.   Der / die Filialapotheker/in hat die Apotheke nach den Bestimmungen
der Apothekenbetriebsordnung selbstständig zu leiten.

II.   Der / die Filialapotheker/in kann nicht eigenständig Personal einstellen,
entlassen bzw. abmahnen. Er kann dem Arbeitgeber hierüber Vorschläge
unterbreiten. Bei Neueinstellungen steht ihm ein Vetorecht zu.

III. Der Filialapotheker ist verpflichtet, die Dienstpläne zu erstellen und die
Mitarbeiter selbstständig einzusetzen. Er erhält das Direktionsrecht über
die Lage der Arbeitszeit der Mitarbeiter der Filialapotheke. Ebenfalls
kann er aus betrieblichen Gründen Überstunden anordnen.

Der/die Filialapotheker/in verpflichtet sich ferner, die Notdienste zu organisieren.

IV. Er/sie hat weiter dafür zu sorgen, dass das Warenlager jederzeit auf dem aktuellen Stand ist. Der Apothekenleiter behält sich vor, die Waren für mehrere in seinem Besitz befindlichen Apotheken zentral zu bestellen.

V. Der/die Filialapotheker/in erteilt dem Arbeitgeber regelmäßig Auskunft
   - über die wirtschaftliche Entwicklung der Apotheke
   - über den Krankenstand der Mitarbeiter
   - über etwaige Schwierigkeiten mit oder unter den Mitarbeitern

VI. Der Filialapotheker wird jährlich abwechselnd zu Fortbildungen in den Bereichen
   Personalführung
   Pharmazie
   Betriebswirtschaft
   für die Dauer einer Woche freigestellt.

§ 3 Arbeitszeit

I. Die regelmäßige Arbeitszeit beträgt 40 Stunden pro Woche. Anfallende Überstunden sind vom Filialapotheker zu dokumentieren und bis zum 10. des nächsten Monats schriftlich an den Arbeitgeber auszuhändigen.

II. Fallen in die Woche ein oder mehrere Feiertage, so verkürzt sich die wöchentliche Arbeitszeit um die an den Feiertagen ausfallenden Arbeitsstunden. Eine Nacharbeitsverpflichtung scheidet damit aus.

§ 4 Arbeitsvergütung

I. Das monatliche Bruttogehalt setzt sich wie folgt zusammen:

Tarifliches Grundgehalt	€ ....
Filialleiterzulage	% 20–35
Vermögensbildung	€ ....
Tantiemen	€ ....
Ziel Bonus	€ ....
Gewinnbeteiligung	€ ....

II. Ab der 41. Stunde erhält der Mitarbeiter einen Zuschlag entsprechend § 8 des Tarifvertrages.
Die Arbeitsvergütung ist jeweils am vorletzten Banktag des Monats auszuzahlen.
Der/die Filialleiter/in hat Anspruch auf eine anteilige Sonderzahlung in Höhe der nach § 4 Ziff. 1 dieses Vertrages vereinbarten Vergütung und zwar für jeden vollen Monat 1/12 des vollen Betrages.

§ 5   Urlaubsanspruch

I.   Der/die Filialapotheker/in hat einen Urlaubsanspruch von 36 Werktagen pro Kalenderjahr.
Der Urlaubsanspruch soll möglichst am Anfang des Kalenderjahres, spätestens jedoch drei Monate vor Antritt des Urlaubes angemeldet werden.

II.   Der/die Filialapotheker/in unterbreitet dem Arbeitgeber Vorschläge für seine/ihre Urlaubsvertretung durch Mitarbeiter der Filialapotheke. Vor Antritt des Urlaubes wird entschieden, wer zur Urlaubsvertretung angemeldet wird. Der Filialapotheker übernimmt die Anmeldung bei der zuständigen Behörde persönlich.

§ 6   Verschwiegenheitspflicht

Der/die Filialapotheker/in ist verpflichtet, über alle Betriebs- und Geschäftsgeheimnisse sowie über alle betriebsinternen vertraulichen Angelegenheiten während und nach Beendigung des Arbeitsverhältnisses Stillschweigen zu bewahren.

§ 7   Sonstige Vereinbarungen

Änderung und Ergänzung dieses Vertrages bedürfen soweit sie nicht tarifvertraglich bedingt sind zu ihrer Wirksamkeit der Schriftform.

..............................., den ....

....

....
Arbeitgeber/in   Arbeitnehmer/in

Auflösungsvertrag

zwischen

....

(Inhaber, AG)

und

....

(Filialleiter, AN)

§ 1   Beendigung des Arbeitsverhältnisses

Die Parteien sind sich darüber einig, dass das Arbeitsverhältnis zwischen AG und AN auf Veranlassung des AG zur Vermeidung einer sonst unumgänglichen betriebsbedingten Kündigung wegen Wegfalls des Arbeitsplatzes zum .... beendet wird.

§ 2   Freistellung – Gehaltszahlung

Der AG stellt den AN mit sofortiger Wirkung bei Fortzahlung der vollen vertraglichen Bezüge von jeder weiteren Tätigkeit frei.

§ 3   Gratifikation

Der AN erhält am Fälligkeitstag eine Weihnachtsgratifikation in Höhe eines halben Monatsgehalts.

§ 4   Abfindung

Zum Ausgleich für den Verlust des Arbeitsplatzes zahlt der AG dem AN im Zeitpunkt des Ausscheidens unter Bezugnahme auf §§ 9, 10 KSchG eine Abfindung i.H.v. .... Euro.

§ 5   Urlaub

Da der AN ab sofort von der Arbeit freigestellt ist, nimmt er innerhalb dieser Zeit den ihm ggf. noch zustehenden Urlaub.

§ 6   Arbeitszeugnis

Der AG erteilt dem AN ein wohlwollendes Dienstzeugnis, das sich auf Führung und Leistung erstreckt und die Bewertungsformel „stets zu unserer vollen Zufriedenheit" beinhaltet.

§ 7   Betriebsgeheimnisse

Der AN verpflichtet sich, alle ihm während seiner Tätigkeit zur Kenntnis gelangten betriebsinternen Vorgänge, insbesondere Geschäfts- und Betriebsgeheimnisse, auch nach seinem Ausscheiden geheimzuhalten.

§ 8   Ausgleichsquittung

Die Parteien sind sich darüber einig, dass mit der Erfüllung dieser Vereinbarung alle gegenseitigen Ansprüche aus dem Arbeitsverhältnis und seiner Beendigung abgegolten sind.

§ 9   Widerspruchsrecht

Dem Arbeitnehmer ist bekannt, dass er diesen Vertrag mit einer Frist von zwei Wochen widerrufen kann. Zur Fristwahrung genügt die rechtzeitige Absendung. Dieser Vertrag entfällt mit Ausübung des Widerrufs. Der Arbeitnehmer bestätigt die Kentnissnahme von diesem Widerspruchsrecht durch seine zweite Unterschrift:

....
(Von dem Widerspruchsrecht habe ich Kentniss genommen)

.............................., den ....
(Ort, Datum)

....
(Unterschriften)

Gehaltsorientierung[1]

Gehaltstabelle BRTV

Berufsjahr	Tarif	+20%	+35%	Std.-Lohn
1.	3027 €	3632 €	4086 €	17/21/24 €
2.–5.	3124 €	3749 €	4217 €	18/22/24 €
6.–10.	3356 €	4027 €	4531 €	19/23/26 €
Ab 11.	3672 €	4406 €	4957 €	21/25/29 €

Gehaltstabelle BRTV Nordrhein[2]

Berufsjahr	Tarif	+20%	+35%	Std.-Lohn
1.	2985 €	3582 €	4030 €	17/21/23 €
2.–5.	3144 €	3772 €	4244 €	18/22/25 €
6.–7.	3335 €	4002 €	4502 €	19/23/26 €
Ab 8.	3622 €	4346 €	4890 €	21/25/28 €

[1] Stand Gehaltstarif ADA 1.1.2010 – gerundet
[2] Stand Gehaltstarif Nordrhein 1.1.2010 – gerundet

Kompetenzraster Filialleiter/in[1]

Frau / Herr .... ist nach § 2 Abs. 5 Nr. 2 von

Frau / Herrn .... als Leiter/in der Hauptapotheke

als verantwortlicher Leiter der Filialapotheke ....

in .... benannt.

Sie / er wird vertreten durch ....

Ihr/ihm unterstellt sind ....

Der Filialleiter vertritt und repräsentiert – orientiert an seinen Aufgaben – das Leitbild des Filialverbundes. Ihm obliegen die sich nach dem Apothekengesetz und der Apothekenbetriebsordnung ergebenden Pflichten. Bei den im Tagesgeschäft anfallenden waren- und kundenrelevanten Vorgängen entscheidet und handelt der Filialleiter selbstständig bzw. nach den vom Erlaubnisinhaber gemachten allgemeinen Vorgaben. Für die im Folgenden aufgeführten Bereiche ist das Ausmaß der Entscheidungsbefugnis für den Filialleiter wie folgt definiert:

F = Filialleiter kann selbstständig entscheiden
E = Nachfrage/Abstimmung mit Erlaubnisinhaber erforderlich

Nr.	Bereich	Tätigkeit (ggf. in Leerzeile oder auf der Rückseite des Blattes ergänzen)		
			F	E
1	Verkauf, Beratung, besondere Belieferungen			
		Betriebsaufnahme Rezeptsammelstelle, Altenheim		
		Akquise und Abwicklung Sprechstundenbedarf		
		Abwicklung Rezeptsammelstelle		
		Abwicklung Altenheim–Belieferung		
		Ringeinkauf (m. anderen Apotheken)		
2	Einkauf Großhandel			
		Verhandlung über GH–Konditionen		
		Tagesbestellung Großhandel		
		Festsetzen der Bestellparameter in EDV		
3	Einkauf direkt			
		Bestellung zusammenstellen		
		Verhandlung mit Industrievertretern		

[1] Kompetenzraster Filialleiter der Treuhand Hannover GmbH

	4	Lagerwirtschaft		
		Lageraufnahme neuer Arzneimittel		
		Lageraufnahme Freiwahlartikel		
		Lageraufnahme Kosmetikserien		
		Inventur durchführen		
		Preisänderungen einspielen		
		Ladenhüter aussortieren		
	5	Werbung, Marketing		
		Dekomaterial umgestalten		
		Aktionen planen und durchführen		
		Werbematerialien (Zugaben) einkaufen		
	6	Anschaffungen/Instandhaltung		
		Kauf von Laborgeräten (Wertgrenze .... €)		
		Kauf Einrichtungsgegenstände (Wertgrenze .... €)		
		Kauf von Software (Wertgrenze .... €)		
		Beauftragung von Handwerkern (Wertgrenze .... €)		
		Kauf Literatur (Wertgrenze .... €)		
	7	Personalwesen		
		Einstellung von neuen Mitarbeitern		
		Einstellung von Auszubildenden/Praktikanten		
		Beschäftigung von Schülerpraktikanten		
		Zeugniserstellung		
		Arbeitsrechtl. Maßnahmen (Abmahnung etc.)		
	8	Sonstiges		

Anmerkungen: ....

....

Filialleiter   Erlaubnisinhaber

....
Datum, Unterschrift   Datum, Unterschrift

Merkblatt[1]

für den
Antrag auf Erlaubnis zum Betrieb mehrerer öffentlicher Apotheken
gem. § 1 i. V. mit 2 Abs. 4 Apothekengesetz

A. Betreiber der Hauptapotheke:
(wir bitten die Unterlagen im Original oder in beglaubigter Kopie vorzulegen)

1. Formloser Antrag mit Anschrift des Antragstellers sowie Angabe der Telefonnummer, unter der der Antragsteller tagsüber erreichbar ist.
   Name, PLZ, Ort, Straße, Nr. der Hauptapotheke,
   Name, PLZ, Ort, Straße, Nr. der Filialapotheke(n),
   Datum der geplanten Übernahme der Filialapotheke(n).
   Benennung und Anschrift der/des verantwortlichen Apothekenleiter(s) der Filialapotheke(n).
   Da eine neue Betriebserlaubnis für die Hauptapotheke einschließlich der Filialapotheke erteilt wird, bitten wir um eine schriftliche Bestätigung, dass die Erlaubnisurkunde für die bestehende Apotheke unverzüglich zurückgegeben wird.

2. Polizeiliches Führungszeugnis (neu)

3. Ärztliches Attest (neu), aus dem hervorgeht, dass der Antragsteller nicht in gesundheitlicher Hinsicht ungeeignet ist, eine Apotheke ordnungsgemäß zu leiten.

4. Eidesstattliche Versicherung, dass keine Vereinbarungen getroffen wurden, die gegen § 8 Satz 2, § 9 Abs. 1, §§ 10 oder 11 Apothekengesetz verstoßen.
   Die eidesstattliche Versicherung darf nur vor einem Notar oder vor der Genehmigungsbehörde abgegeben werden.

5. Schriftliche Versicherungen/Erklärungen,
   – dass alle Verträge, die mit der Einrichtung und dem Betrieb der Apotheken im Zusammenhang stehen, vorgelegt worden sind,
   – dass gegen den Antragsteller weder ein Strafverfahren noch ein berufsrechtliches Verfahren anhängig ist und eine berufsgerichtliche Bestrafung bisher nicht erfolgt ist,
   – dass jede Eröffnung einer weiteren Apotheke in einem Mitgliedstaat der Europäischen Gemeinschaften der für die Erteilung der Erlaubnis zuständigen Behörde angezeigt wird.
   Außerdem bitten wir um schriftliche Mitteilung, ob und gegebenenfalls an welchem Ort der Antragsteller in einem Mitgliedstaat der Europäischen Union

---

[1] Quelle: Regierungspräsidium Karlsruhe

oder in einem anderen Vertragsstaat des Abkommens über den Europäischen Wirtschaftsraum oder in einem Vertragsstaat, dem Deutschland und die Europäische Union vertraglich einen entsprechenden Rechtsanspruch eingeräumt haben, eine oder mehrer Apotheken betreibt.

6. Nachweis der Verfügung über die erforderlichen Räume der Apotheken
    a) vollständige, baubehördlich genehmigte Pläne der Apothekenbetriebsräume (Grundriss, Aufriss, Lageplan, Größe der Betriebsfläche mind. 110 m²),
    b) Kauf- oder Mietvertrag, ggf. Grundbuchauszug bei eigenen Räumen.

    Soweit sich Änderungen gegenüber den hier vorliegenden Raumplänen ergeben haben, bitten wir um entsprechende Mitteilung.

7. Kaufvertrag/Pachtvertrag, ggf. GbR- oder OHG-Vertrag

8. Verzichtserklärung des Apothekenverkäufers gem. § 3 Nr. 2 ApoG

9. Mitteilung an das Bundesinstitut für Arzneimittel und Medizinprodukte (53175 Bonn, Kurt-Georg-Kiesinger-Allee 3) wegen BTM-Nummer. Eine Mehrfertigung der neuen Apothekenbetriebserlaubnis wird von uns direkt zugeleitet.

B. Vom verantwortlichen Apothekenleiter der Filialapotheke(n):
(wir bitten die Unterlagen in Kopie vorzulegen)

1. Approbationsurkunde

2. Arbeitsvertrag mit genauer Angabe der wöchentlichen Arbeitszeit

Merkblatt

Informationen zum

Arbeitszeugnis

Dieses Merkblatt hat keinen Anspruch auf Vollständigkeit.

Grundsätzlich hat jeder/e Angestellte/r Anspruch auf ein berufsförderndes qualifiziertes Zeugnis. Das qualifizierte Zeugnis hat neben den Angaben zu Art und Dauer der Tätigkeit auch Aussagen über die Führung und Leistung des Arbeitnehmers im Arbeitsverhältnis zu machen.

Ein Zeugnis muss wohlwollend formuliert sein und der Wahrheit entsprechen. Es soll aber nicht das Fortkommen des Arbeitnehmers unnötig erschweren.

Die Leistungsbeurteilung ist gerichtlich dahingehend überprüfbar, ob sachfremde, d. h. willkürliche Überlegungen oder überzogene Maßstäbe zugrundegelegt wurden. Der Arbeitgeber muss sich auf objektiv nachprüf- bzw. nachvollziehbare Kriterien stützen und sich um größtmögliche Objektivität bemühen.

Bei der Leistungsbeurteilung sollten folgende Formulierungen nicht fehlen (oder so ähnlich formuliert sein):

- „Frau .... erledigte die ihr übertragenen Aufgaben stets zu meiner vollen (vollsten) Zufriedenheit."
- Wenn Sie ohne Beanstandung gearbeitet haben, können Sie diese Formulierung auf alle Fälle beanspruchen. Wenn Sie z. B. jahrelang in einer Apotheke beschäftigt waren und Ihr Arbeitgeber dann behauptet, Sie hätten schlecht gearbeitet, ist er nicht glaubwürdig. Allerdings fordert die Rechtsprechung inzwischen Nachweise für eine Tätigkeitsbewertung die nach oben von einem „Befriedigend" abweicht. Das können z. B. ausdrückliche Belobigungen, Bonuszahlungen etc. sein.
- „Ihr Verhalten gegenüber Vorgesetzten und Mitarbeitern war stets einwandfrei."
- „Wir bedauern das Ausscheiden von Frau .... und wünschen Ihr für die Zukunft alles Gute."
  Dieser Satz ist nur unter bestimmten Umständen gerichtlich einklagbar.

Allgemeines

- Das Zeugnis muss auf das Datum des Ausscheidens ausgestellt sein.
- Achten Sie auch darauf, dass Ihre ausgeführten Tätigkeiten ausführlich aufgeführt werden.

- Besuchte Fortbildungsveranstaltungen sollten erwähnt werden (die wichtigsten).
- Machen Sie Ihrem Arbeitgeber gegenüber Verbesserungsvorschläge, wenn Sie mit dem Zeugnis nicht einverstanden sind.
- Im Zeugnis muss nicht stehen, warum das Arbeitsverhältnis beendet wurde.

Achtung! Nach Beendigung des Arbeitsverhältnisses sind nach dem Tarifvertrag alle gegenseitigen Ansprüche aus dem Arbeitsverhältnis innerhalb einer Frist von 3 Monaten schriftlich geltend zu machen (§ 21 Bundesrahmentarifvertrag). Dies gilt zwar nach der Rechtsprechung des BAG nicht für Arbeitszeugnisse, der Anspruch darauf kann aber verwirken, wenn sich der Arbeitgeber nicht mehr an die Leistungen erinnern kann (Verwirkung kann ggf. schon nach 6 Monaten eintreten).

Vertragsformulierungen für die Einsetzung als Filialleiter

In Abänderung des Arbeitsvertrages vom ... wird Mitarbeiterin X,
ab dem ... in Filiale Y als Filialleiterin eingesetzt. Als Filialleiterin übernimmt sie
die Verpflichtungen nach Apothekegesetz und Apothekenbetriebsordnung.
Bei Schließung, Liquidation oder Veräußerung der Apotheke lebt der
Arbeitsvertrag vom ... wieder auf; die Beschäftigung in der Hauptapotheke wird
weitergeführt.

Herr ... wird als approbierter Apotheker in der H-Apotheke eingestellt und ist
verpflichtet alle damit verbunden Tätigkeiten und Verantwortlichkeiten zu
übernehmen. Es ist vereinbart, dass er bei Eröffnung einer Filialapotheke deren
Leitung übernimmt. Es wird sodann ein gesonderter Arbeitsvertrag geschlossen.

Er hat die Filialapotheke in eigener Verantwortung persönlich zu leiten unter
Berücksichtigung der ihm vom Inhaber erteilten Vorgaben.
Diesem sind insbesondere vorbehalten
– Personalentscheidungen
– zentraler Wareneinkauf
– Festsetzung der Verkaufspreise
  (soweit diese nicht gesetzlich festgelegt sind).

Sachverzeichnis

Die Autorinnen

Iris Borrmann

Studium der Rechtswissenschaften in Marburg und Referendariat am Hamburgischen Oberlandesgericht.
1993 Zulassung als Rechtsanwältin.

Bis zur Geburt ihrer Kinder Ende 1995 Tätigkeit in der arbeitsrechtlich ausgerichteten Anwaltskanzlei Zimmermann & Scholz in Hamburg.

Seit 1997 in verschiedenen Funktionen für Adexa – Die Apothekengewerkschaft in Hamburg tätig, derzeit Leitung der Rechtsabteilung.

Arbeitsschwerpunkte: Bereits während des Studiums beschäftigte sie sich hauptsächlich mit dem Arbeitsvertragsrecht und dem kollektiven Arbeitsrecht. Seit der Tätigkeit bei Adexa kam die Einflussnahme der pharmazeutischen Bestimmungen auf die arbeitsvertraglichen Regelungen hinzu. Neben einer Reihe von Vorträgen sowie Veröffentlichungen in pharmazeutischen Zeitschriften arbeitet Iris Borrmann derzeit an einem Kommentar zum Bundesrahmentarifvertrag.

Elfriede Hoffmann

Pharmaziestudium 1975 bis 1979 in Heidelberg, Pharmaziepraktikum in Mannheim, Approbation 1980.

Zwei Jahre Vertretungen in verschiedenen Apotheken in ganz Deutschland, darunter auch in einer Krankenhausapotheke, anschließend als angestellte Apothekerin in öffentlichen Apotheken tätig. Weiterbildung zur Fachapothekerin für Offizinpharmazie, Referentin bei den begleitenden Unterrichtsveranstaltungen für Pharmaziepraktikanten in Tübingen sowie im Rahmen von Arzt/ Apotheker-Projekten an der Ausbildung von Allgemeinmedizinern an der Universität Freiburg beteiligt.

Seit 2006 Filialleiterin in Rottweil, seit 2008 Qualitätsmanagementbeauftragte (QMB) für den Filialverbund.

Daneben seit 1988 aktives Mitglied im ADEXA Landesverband Baden-Württemberg, seit 1990 als Landesvorsitzende.

Langjähriges berufspolitisches Engagement in der Landesapothekerkammer Baden-Württemberg als Mitglied der Vertreterversammlung, im Ausbildungsausschuss und Vorsitzende des Berufsbildungs-Ausschusses, 5 Jahre als Vorstand der LAK, als Vertretung der Angestellten in der Bayerischen Apothekerversorgung und seit vielen Jahren als Delegierte zum Deutschen Apothekertag.